İLETİŞİM DONANIMLARI

DOĞAN CÜCELOĞLU, İstanbul Üniversitesi psikoloji bölümünden mezun olduktan sonra ABD'de Illinois Üniversitesi'nde Bilişsel Psikoloji (algılama, düşünme, iletişim) alanında doktorasını yaptı.

Daha sonra Türkiye'de Hacettepe ve Boğaziçi üniversitelerinde görev yapan Cüceloğlu, Fulbright bursuyla bir yıl süreyle Berkeley'deki Kaliforniya Üniversitesi'nde ziyaretçi öğretim üyesi olarak çalışmalarda bulundu.

1980-1996 yılları arasında ABD'de Fullerton şehrindeki Kaliforniya Eyalet Üniversitesi'nde görev yapan Cüceloğlu'nun, kırkı aşkın Türkçe ve İngilizce bilimsel makalesi yayınlandı. 1996 yılından bu yana Türkiye'de üniversite öğrencilerine, öğretmenlere, ana-babalara ve işadamlarına yönelik seminerlere, konferanslara ve atölye çalışmalarına ağırlık verdi.

1990'dan bu yana, Türk insanının düşünce, duygu ve davranışlarını psikoloji kavramları içinde inceleyen kitaplar hazırlayan Cüceloğlu'nu 16 Şubat 2021'de kaybettik.

YAZARIN TÜM KİTAPLARI

Başarıya Götüren Aile • Bir Kadın Bir Ses • Damdan Düşen Psikolog (söyleşi: Canan Dilâ) • Derviş'in Aklı (Prof. Ahmet Dervişoğlu ile söyleşi) • Evlenmeden Önce • Gerçek Özgürlük • Geliştiren Anne-Baba • İçimizdeki Biz • İçimizdeki Çocuk • İnsan İnsana • İnsan ve Davranışı • İletişim Donanımları • Korku Kültürü • 'Mış Gibi' Yaşamlar • 'Mış Gibi' Yetişkinler • Onlar Benim Kahramanım • Savaşçı

www.dogancuceloglu.net

Doğan Cüceloğlu

'Keşke'siz Bir Yaşam İçin

İLETİŞİM DONANIMLARI

RK

Remzi Kitabevi

İLETİŞİM DONANIMLARI / Doğan Cüceloğlu
Felsefi Psikoloji

Yayına hazırlayan: Neclâ Feroğlu
Kapak düzeni: Ömer Erduran
Kapak görseli: 123RF / Niserin

ISBN 978-975-14-0886-0

BİRİNCİ BASIM: Ağustos 2002
ALTMIŞ SEKİZİNCİ BASIM: Ocak 2022

Kitabın bu basımı 5000 adet yapılmıştır.

Remzi Kitabevi A.Ş., Akmerkez E3-14, 34337 Etiler-İstanbul
Sertifika no: 10705
Tel (212) 282 2080 Faks (212) 282 2090
www.remzi.com.tr post@remzi.com.tr

Baskı ve cilt: Seçil Ofset, 100. Yıl Mah. Matbaacılar Sitesi
4. Cad. No: 77 Bağcılar-İstanbul
Sertifika no: 44903 / Tel (212) 629 0615

Babamın on birinci ve en son çocuğuyum. Her bir evladı için siyah kaplı bir okul defteri almış ve bu defterlere, her bir çocuğunun doğumundan itibaren hastalıklarını, okula başlamalarını ve onlarla yaşadığı gülünç olayları kaydetmiş. Evlenen her çocuğuna kendi defterini verir ve, "Artık sen kendi çocukların için defter tut," derdi.

Benim siyah kaplı defterimin üstüne kırmızı bir etiket yapıştırılmış ve üstüne "11 Doğan Cüceloğlu" yazılmış. Defterimin ancak on sayfası dolu. En küçük olmanın kaderi bu olsa gerek. Doğum tarihim yazılmış. Aylar sonra, 5-3-939 tarihini düştüğü sayfaya şunları yazmış:

> "Yürür, gezer, gendi gendine oynar. Kimseye yük olmaz. Ben hatırasını yazarken defteri okşar. Donuna işemiş. Ayakkabısının teki ile donu yok. 'Hani bülük?' derim; 'Eh, eh,' diye gösterir. Hiç darılmaya gelmez. Kötülükten almaz, eyiliği sever. 'Anne, anne,' deyişi pek sevimli. Ben hatırasını yazarken bana üzüm veriyor. Uğurlu evlat." (imza)

Her namazından sonra ettiği duada, vatanın selametini ve Türk ordusunun muzaffer çıkmasını, evlatlarının hayrını dilediği kadar dilerdi.

Zorba filmini gördüğüm zaman, babamı daha iyi anladım.

Akdeniz insanı.

Keşfedilmemiş şair.

Keşfedilmemiş müzisyen.

Dünyaya merhabayı hiç bırakmayan ve yaşlanmayan iç çocuk; gönül adamı.

Deli gönül gezer gezer gelirsin,
Her çiçekten arı gibi alırsın,
Nerde güzel görsen orda kalırsın,
Ben senin derdini çekemem gönül

şarkısını bir başka içtenlikle söylerdi.
Babamı anlayınca kendimi daha iyi anladım.

Mustafa Sami Cüceloğlu!
Sevgili babam,
Bu benim sekizinci kitabım. İlk kitabımı anneme sundum. İkinci kitabım sana sunulmalıydı! Olmadı! Sana kızgındım! Doğumumdan altmış dört yıl ve yedi kitap yazdıktan sonra, yazdığım bu sekizinci kitabı şimdi boynum bükük ve mahcup sana sunuyorum.

Babalık zormuş, babam.
Hele senin zamanında, kıtlık ve savaş içinde.
Ben üç çocuğumdan hiçbirine günlük tutmadım. Gönlüm ve aklım ermedi; kıt kaldım.

Şimdi anladım senin zenginliğini.
Ruhun şad olsun, sevgili babam!

İçindekiler

Teşekkür

Kitabın hazırlanmasında beş kişinin emeği geçti.

Gönül dostum Yıldız Hacıevliyagil, kitabın ilk müsveddesini okuduktan sonra yararlandığım önerilerde bulundu; bu önerilerin ışığında ikinci müsveddeyi oluşturdum.

İkinci müsveddeyi okuyan asistanım Sabiha Kocabıçak, ifade ve içerikle ilgili katkılarda bulundu, kavramlar sözlüğünü oluşturmamda yardımcı oldu ve şiirler konusunda araştırma yaptı. Sabiha son müsveddeyi de okuyarak önemli katkılarda bulundu.

Yaşayarak öğrenme uzmanı Yavuz Durmuş, müsveddeyi okuyarak içerik ve ifade konusunda uyarılarda bulundu.

Remzi Kitabevi'nden Ömer Erduran, kitabın formatı, akışı, görünümü, çizimleri ve kapağıyla ilgili önemli katkılarda bulundu.

Editör Necla Feroğlu, kitabın mantıksal yapısı, tutarlılığı ve diliyle ilgilendi.

Bu kadar emek, kitabı daha okunur ve 'sıcak' yaptı.

Emeği geçenlere teşekkür ediyorum.

Her bir aşamada yapılan önerileri de yazar olarak ben değerlendirdim ve son kararı verdim. O nedenle, bulacağınız hata ve eksikliklerden ben sorumluyum.

Sunuş

Paylaşılmayanın anlamı ne?

Bu kitabı yazdığım yıl olan 2002, üniversite eğitimimi de eklersek, psikoloji alanında kırk üçüncü yılım. Kaliforniya'daki görevimden emekli olarak Türkiye'ye gelince, değişik kurumlarda çalışanlara 'İletişim ve Etkili Yaşam' adındaki seminerimi vermeye başladım. Katılımcılar, bu çalışmadan çok yararlandıklarını söyleyerek, böyle bir olanaktan eşlerini, dostlarını ve iş arkadaşlarını nasıl yararlandırabileceklerini sormaya başladılar.

Seminerin insanları ne kadar etkilediğini ben de görüyordum. Ne var ki, gerçek ortadaydı: Seminer iş ortamında gerçekleştiğinden eşlerin ve dostların seminere katılması olanaksızdı.

O zaman şu soru zihnimde belirmeye başladı: Seminerde ele alınan kavramları daha geniş kitlelerin hizmetine nasıl sunabilirdim?

Birkaç yıl önce, arkadaşlarla bir halk lokantasında yemek yerken, sıradan bir insan izlenimi veren garson gülümseyerek bana, "Beyefendi, ben sizin hiçbir kitabınızı okumadım; ama, sizi televizyonda seyrettim," dedi ve ne söylemek istediğine karar verememiş bir insanın edasıyla sustu; sanki söylemek istediğini biliyor, ama söze nasıl dökeceğini bilemiyordu. "Nasıl söyleyeyim bilmem ki," dedi ve yine bir süre sustu, kafasını kaşıdı; daha sonra karar vermiş bir insanın tavrı içinde gülümseyerek, "Valla, siz konuştukça zihnim açıldı!" dedi. Sıradan bir insanın bu sözlerini, eğitim yaşamımın en değerli ödüllerinden biri olarak görüyorum.

Garsonun sözünü ettiği, konuk olarak katıldığım "Derinlikler" adındaki televizyon programıydı. Mevcut televizyon programlarına konuk olarak katılmanın yanı sıra, kendi televizyon programımı yapmamın önemli bir hizmet olacağını o andan itibaren düşünmeye başladım. Persil'in sponsorluğunda, "Temiz Aile Temiz Gelecek: Doğan Cüceloğlu ile Sohbetler" programı böyle bir anlayıştan doğdu.

Televizyon programı büyük ilgi gördü ve birçok kişi programın devam etmesi için ısrar etti. Ne var ki, yaygın izlenirliğine rağmen, televizyon programının kalıcı bir etki uyandıracağını sanmıyorum. Televizyon programının ve seminerlerin kitaplarla desteklenmesi gerektiğini düşünüyorum. Bu nedenle yukarıda sözünü ettiğim seminerin içeriğini kitap haline getirmeye karar verdim.

Elinizdeki kitap, 'İletişim ve Etkili Yaşam' seminerini yansıtacak biçimde yazılmıştır. Seminerin içeriğini oluştururken, zaman zaman, daha önce yazmış olduğum kitaplarda ele aldığım kavramlardan ve örneklerden yararlandım. Dolayısıyla, bu kitapta zaman zaman, daha önceki kitaplarımdan alınmış kavram ve örneklere rastlayacaksınız.

Bu kitabı okudukça zihninizin açılacağını umuyorum; kitabın amacı sizin zihninizi açmak. Seminerime katılan birçok kişi, seminer süresince öğrendiklerinin yardımıyla şimdi eşiyle, çocuğuyla, dostuyla, yöneticisiyle ilişkilerinde, farkındalıklar geliştirdiklerini, yani zihinlerinin açıldığını söylediler.

Zihnin açılması ne demek?

Daha önce anlayamadığım, kafamın karışık olduğu bir konuyu anlayabilirsem, karmaşık olan konu açık seçik hale gelirse, "Zihnim açıldı," derim.

Gelin, zihin yerine *bilinç*, kafa karışıklığı yerine de *donanmamış bilinç* diyelim. Sözünü ettiğim lokantadaki garson, bana göre, aslında şunu söylemekteydi: "Donanmamış bilincimi siz donattınız; bu nedenle daha önce karmaşık gelen bazı konular benim için anlaşılır hale geldi."

Evet, bu kitap kendiniz, yaşamınız, ilişkileriniz konusunda bilincinizi donatmak için yazıldı. Aklınıza, "Peki, bilincim donanınca ne olacak?" diye bir soru gelebilir.

Kitabın ilk bölümü, bu soruyu yanıtlamaktadır.

1
Bilincim Donanınca Ne Olacak?

Fotoğrafçıda gülümseyin.
Bir gün mutlaka alırlar selamınızı.

ÜSTÜN DÖKMEN(*)

"Bu kitap bilincinizi donatmak için yazıldı," dediğimde, aklınıza gelebilecek soru şu olabilir: "Bilincim donanınca ne olacak?"

Bu soruyu yanıtlamak için yaşamın değişik alanlarından örnekler vermek istiyorum.

İki Ordu

İki ordu düşünün; biri tam teçhizatlı, donanmış.

Neyle donanmış?

- *Silahlarla donanmış:* Muhtemel saldırılara karşı koyabilmek için, güçlü olmanın gereğini kavramış bir yönetim, ülkeyi savunmak için gerekli modern araç ve gereçlerle orduyu donatmış.
- *Eğitimle donanmış:* Bu ordu, hem askerlik hem de yurt sevgisi eğitimiyle donanmış. En üst komutanından en düşük rütbelisine kadar tam bir vizyon birliğine ulaşmışlar.
- *Disiplinle donanmış:* Aynı ordu, vatan savunmasında etkili bir harekâtın ancak tam bir disiplin içinde gerçekleştirilebileceğinin önemini kavramış durumda.

(*) Dökmen, Üstün, *Selam: Şiirler*, Sistem Yayıncılık, İstanbul, 1996, s. 27.

Diğer ordu ise:

- *Silahları eskimiş*: Silahları yenilemek kimsenin aklına gelmemiş; bu ordunun bulunduğu ülkede, sen ben kavgası içinde, ülke savunmasının gerekleri umursanmamış.
- *Eğitimsiz:* Ordu hem askerlik hem de yurt sevgisi konusunda yeterli eğitimi görmemiş. Askerlerin paylaştıkları bir vatan vizyonu yok.
- *Disiplinsiz:* İlk fırsatta firar etmeyi kafaya koymuş insanlardan oluşan başıbozuk bir ordu.

Önemli soru: Bu iki ordu birbiriyle savaştığında hangisinin zafere ulaşacağından şüpheniz var mı?

İki Yeni İş Girişimi

Bir başka örnek daha alalım; iki yeni iş girişimi düşünün. Ahmet ve Cevdet'in her biri kendilerine lokanta açmak istiyor. Ahmet lokanta işletme konusunda deneyimsiz, ama deneyimi olan, bu konuda bilinci donanmış birine danışıyor, ondan akıl alıyor.

Cevdet de iş konusunda deneyimsiz ama, "Allah yürü ya kulum derse her şey yoluna girer," düşüncesiyle hiç kimseye danışma ve kimseden akıl alma gereği duymuyor.

Ahmet'in danışmanı, "Şu soruların yanıtlarını bilmek önemli," diyerek ilk adımı atıyor:

Gerekli sermaye ne kadar? Örneğin, lüks bir lokanta mı açılacak, yoksa düşük gelirli vatandaşın yemek yiyebileceği bir halk lokantası mı?

Bu işi yürütebilmek için ne gibi bilgilere, deneyimlere ve becerilere gerek var? İyi yemek yapan biri lokanta açmaya kalkınca bir süre sonra yemek yapmanın lokantacılık işinin ancak bir yönü olduğunu anlar. Lokantacılık işi sadece yemek yapmanın ötesinde insan ilişkilerini, iç mimarlık ve bahçe mimarlığını, yönetim, muhasebe ve gıda pazarlarını bilmek gibi birçok yönü kapsar.

İş nerede açılmalı? İşin yeri müstakbel müşterilere uygun olmalı. Düşük gelirli vatandaşların oturduğu bir yere pahalı, lüks bir lokanta açmak gerçekçi değildir.

İş için en uygun başlama mevsimi nedir? Her işin kendine özgü mevsimi olabilir. Herkesin tatil için başka bir yerde olduğu mevsimde lokanta açmak doğru olmayabilir.

İş nasıl yönetilmeli? İş yönetimi deneyimi olmayanların, işe girişmeden önce deneyimli bir yönetici bulmaları ve onunla birlikte çalışmaya başlamaları yerinde olur.

Ahmet, danıştığı kişinin önerileri doğrultusunda davranırken, Cevdet, "Allah kerim; kısmetimizde varsa olur," diyerek yukarıdaki hiçbir soruyla ilgilenmeden işe girişiyor.

Önemli soru: Ahmet gibi tedbirli, planlı girişimciler mi, yoksa Cevdet gibi tedbirsiz, plansız girişimciler mi daha başarılı olur?

İki Çift

Evlilik yaşamından da bir örnek alalım.

Farz edelim ki bir çift evlenmeden önce birbirlerini adamakıllı tanımaya önem veriyorlar;

- Birbirlerini çekici bulduklarının farkındalar; niçin çekici bulduklarını ve ***evlilikte cinsellik***ten ne anladıklarını biliyorlar ve bunu paylaşıyorlar.
- Aile kurmayla ilgili ***beklentiler***inin ne olduğunu birbirleriyle önceden açık seçik konuşuyorlar.
- Bireysel ***değerlerini, inançlarını, zevklerini*** ve nasıl bir ***gelecek*** istediklerini birbirlerine söylüyorlar.
- Çocuk yetiştirirken neye dikkat edeceklerini, nasıl ***çocuk yetiştirmek*** istediklerini konuşuyorlar.

Bütün bu konuları açıkça ve dürüstçe konuştuktan ve birbirlerinin iç dünyalarını tanıdıktan sonra evlenmeye karar veriyorlar.

Diğer bir çift, birbirlerini ilk gördükleri anda duydukları çekim nedeniyle evlenmeye karar veriyorlar. Başka hiçbir şeyi düşünmek ve aralarında konuşmak akıllarına gelmiyor.

Önemli soru: Hangi çiftin evliliği daha mutlu ve sağlıklı olur?

Bu gözden geçirmelerden şu sonuca varırız:
Bilinci donanmış insan, bilinci donanmamış insandan her zaman ve her koşulda daha etkili ve güçlü olacaktır.

Evet, *anlamlı, güçlü ve coşkulu bir yaşam,* ancak donanmış bir bilincin temelleri üstüne kurulur.

Bu kitabı okumaya devam ettiğinize göre, bilincinizin donanımına önem veren birisiniz.

Buyurun, bilincinizi donatma yolculuğuna başlayalım...

2

İnsan, Muhteşem Bir Potansiyeldir

Bir elmanın yüreğinde gizlenen tohum, görülmez bir elma bahçesidir. Ama bu tohum bir kayaya rast gelirse, ondan hiçbir şey çıkmaz.

HALİL CİBRAN(*)

Potansiyel Bilinci

Şimdi size, sol elimde bir **meşe palamadu** ve sağ elimde bir **çakıl taşı** göstermekte olduğumu varsayın.

Sol elimde görmüş olduğunuz bu meşe palamudu, kendisi gibi kaç tane meşe palamudu üretme *potansiyeline* sahiptir?

Bu meşe palamudunun bir meşe ağacı olması olasılığı var mı?

Evet, var!

Peki bu ağacın yeni meşe palamutları üretme olasılığı var mı?

Evet, var!

Peki, bu meşe palamutlarının her birinin bir meşe ağacı olma olasılığı var mı?

Evet, var!

Demek oluyor ki sol elimde gördüğünüz bu meşe palamudu, kendisi gibi sonsuz sayıda meşe palamudu üretme potansiyeline sahiptir.

(*) Cibran, Halil, *İnsanoğlu İsa,* Anahtar Kitaplar, İstanbul, 1993, s. 39.

Öte yandan sağ elimde tutmuş olduğum çakıl taşının üretme potansiyeli sıfırdır. Çakıl taşı kendisi gibi çakıl taşı üretme olanağına sahip değildir.

Siz 'potansiyel' nedir bilmezseniz, bilinciniz 'potansiyel farkındalığı'yla donanmamışsa, elimde tuttuğum bu iki şeyi potansiyel açısından ayırt edemezsiniz; her ikisini de bir 'nesne' olarak görürsünüz.

Potansiyelin ne olduğunu bilen biri, meşe palamudu ve çakıl taşını farklı algılar ve bunlarla ilgili farklı düşünür. Bu kişi, bir tek meşe palamudunda, tüm Türkiye'yi meşe ağacıyla donatacak bir potansiyel olduğunu bilir ve bu gözle meşe palamuduna bakar.

Potansiyelin ne olduğunu bilmeyen biri ise, çakıl taşı ve meşe palamudu aynı şeylermiş gibi düşünür. Örneğin, ona göre, her ikisi de fırlatılacak bir nesnedir ve eline geçirdiği zaman bilinçsiz olarak meşe palamudunu da çakıl taşı gibi fırlatır, atar.

İnsan Potansiyelinin Farkında Olmak

İnsanın bir potansiyel olduğunun 'farkında olan' ve 'farkında olmayan' iki ortamı karşılaştıralım. İnsanın bir potansiyel olduğunun farkında olan ortam, farkında olmayan ortamdan farklı sonuçlar alır mı?

Bu karşılaştırmayı, anababa çocuk, öğretmen öğrenci, yöneten yönetilen ve devlet vatandaş ilişkisi olmak üzere dört farklı ilişki alanında yapalım.

Anababa Çocuk İlişkisi

İnsanın bir potansiyel olduğunun 'farkında olan aile ortamı', çocuğu bir potansiyel olarak görür. Potansiyel bilincine erişmiş ailede şu bakış hâkimdir: "Bu çocuk kendi özel yetenekleri ve eğilimleriyle bu dünyaya gelmiş bir varlık, bir potansiyel yumağıdır. Bu potansiyelin ne olduğunu anlamamız ve daha sonra onu geliştirmemiz çok önemli. Bu çocuk müzik, spor, matematik, soyut düşünce, resim gibi alanların birinde veya birkaçında yetenekli olabilir. Çocuğu yakından gözlersek hangi alanda yeteneği olduğunu anlayabiliriz ve bu yeteneğin gelişmesine yardımcı olabiliriz. Onun gelişmesine uygun ortam oluşturmak, bizim sorumluluğumuzdur."

Çocuğun potansiyelini geliştirmek, anababanın sürekli aklındadır; aile her şeyi, onun potansiyelinin kendine özgü bir biçimde gelişmesini düşünerek değerlendirir.

Böyle bir ortamda çocuk, kendini özel hissederek büyür; sürüden biri olmadığını, kendine özgü bir kişi olduğunu bilir. Kendine güveni vardır. 'Ben varım, doğalım, değerliyim, elimden iş gelir ve sevilmeye, özlenmeye layığım,' duygusunu geliştirir. Güçlü ve mutludur.

Diğer yandan insanın bir potansiyel olduğunun 'farkında olmayan aile ortamı'nda çocuğa bir potansiyel olarak bakılmaz; daha doğrusu, anababanın bilinci *potansiyel farkındalığı*'yla donanmadığı için, bakılamaz. Çocuk daha doğmadan önce onun hangi mesleğe sahip olması gerektiğine karar verilir; "Oğlumu makine mühendisi yapacağım", "Kızım Türkiye güzellik kraliçesi olacak", "Para şimdi futbolda; okutmayacağım, onu futbolcu yapacağım" gibi. Çocuğun kendine özgü bir özü, bir potansiyeli olduğunu bilmedikleri için onu kendi istedikleri kalıba sokmaya çalışırlar; ne var ki, bunu yaptıklarının bile farkında değillerdir. Keşfetmeye çalışan, inceleyen, onun kim olduğunu merak eden bir gözle çocuğa bakamazlar; onun gelişmesine uygun ortam oluşturma sorumluluğunu hissedemezler.

Böyle bir ortamda çocuk kendini özel hissetmez; sürüden biri olduğunu, kendine özgü bir kişiliği olmadığını düşünür. Kendine güveni yoktur. 'Ben yokum, bende bir bozukluk var, değersizim, elimden iş gelmez ve sevilmeye, özlenmeye layık değilim,' duygusunu geliştirir. Güçsüz ve mutsuzdur.

Önemli soru: İnsanın bir potansiyel olduğunun farkında olan ailenin çocuğu, farkında olmayan ailenin çocuğundan daha iyi gelişme olanağına sahip olmaz mı? Farkında olan ailelerin çoğunlukta olduğu bir toplum ile farkında olmayan ailelerin çoğunlukta olduğu bir toplumu karşılaştırdığınızda ne gibi farklar görürsünüz? On yıllar ve yüz yıllar içinde bu farklar derinleşerek büyümez mi?

Öğretmen Öğrenci İlişkisi

İnsanın bir potansiyel olduğunun 'farkında olan eğitim ortamı'ndaki bir öğretmenin bakışı, farkında olan anababanın bakış tarzına çok benzerdir; sınıfa girdiği zaman, orada gelişmek için bulunan potansiyeller olduğunun farkındadır; kendi temel işlevinin öğrencilerine bilgi aktarmak değil, onları geliştirmek olduğunun bilincindedir. "Şimdi benim karşımda, otuz yıl sonra bu ülkenin yönetimini ele alacak olan insanlar var. Onların, olabileceklerinin en iyisi olmasına katkıda bulunmak benim görevim. Bu, görevlerin en kutsallarından biri. Bu kutsal görevin büyük bir sorumluluk getirdiğinin farkındayım," bilinci içindedir. Çocuğun kendiliğinden ortama getirdiği merak ve keşfetme isteği, öğretmenin çok önem verdiği bir hazinedir.

Öğrencilerin gelişecek potansiyeller olduğunun farkında olan öğretmen, öğrencileri sürekli soru sormaya ve katılımcı olmaya teşvik eder; çekingenlik nedeniyle dile getirilememiş soruları çocukların gözlerinden anlar ve, "Galiba senin sormak istediğin bir soru var; haydi sor evladım!" diyerek onları yüreklendirir.

Soru soran, öğrendikleri üstünde düşünen ve sorgulayan öğrenci, kendini değerli ve güçlü görmeyi öğrenir. Kendini değerli ve güçlü gören insan, yeni girişimlere soyunmaktan, hata yapmaktan çekinmez; yaptığı hataları başarıya giden yolda atılan doğal adımlar olarak görür.

İnsanın bir potansiyel olduğunun 'farkında olmayan eğitim ortamı'ndaki öğretmen sınıfa girdiği zaman, gelişmek için orada bulunan potansiyeller olduğunun farkında değildir. Kendi temel işlevinin bilgi ezberletmek olduğunu sanır. Bilginin iyi aktarılması için çocukların uslu uslu oturması gerekir; bu nedenle öğretmen, asıl görevinin, çocuklar sınıfta sessizce oturmalarını sağlamak olduğunu düşünür. Öğretmenin yüzünün asık olması gerekir ki, çocuklar 'çocukluk' yapmasın ve ondan korksun. Bunu gerçekleştirmek için okulun ilk günlerinde birkaç çocuğu döver ya da azarlarsa, bunun diğerlerine de bir ders olacağını bilir. Soru sormak, öğrendikleri üstünde düşünmek ve sorgulamak öğrenciden istenmeyen davranışlardır. Öğrenciden beklenen, sınıfta put gibi oturmak, daha sonra öğretmenin söylediklerini papağan gibi tekrar etmektir.

Böyle bir öğretmen, öğrencilerin gözünde bir pırıltı, içinde bir öğrenme şevki olup olmadığına dikkat etmez; daha da acısı, bilinci potansiyel farkındalığıyla donanmadığı için, bu pırıltının olabileceğinin dahi farkında değildir.

Önemli soru: İnsanın bir potansiyel olduğunun farkında olan öğretmenlerin ve eğitim ortamlarının çoğunlukta olduğu bir toplum ile farkında olmayan öğretmen ve eğitim ortamlarının çoğunlukta olduğu bir toplumu karşılaştırdığınızda ne gibi farklar görebilirsiniz? On yıllar ve yüz yıllar içinde bu farklar derinleşerek büyümez mi?

Yöneten Yönetilen İlişkisi

Şimdi de iş yaşamından bir örnek ele alalım:

İnsanın bir potansiyel olduğunun 'farkında olan yönetici', yönettiği kişilerin gelişmesine özen gösterir; çünkü işteki gerçek verimliliğin insanların potansiyelinin üretime dönüşmesinden geçeceğini bilir. Böyle bir yönetici, yanında çalışan insanların gelişmesiyle sürekli ilgilenir, hataları bile gelişim fırsatı olarak değerlendirir.

Hata yapıldığı zaman şöyle düşünür:

- Aslında bu kişide, hatasız iş yapma potansiyeli var. Ama, ya eğitim ya da dikkat eksikliğinden bir hata yaptı.

- Bu kişinin gerekli beceriye sahip olmaması nereden kaynaklanıyor olabilir?
- Şirkette gerekli öğrenme fırsatları yaratılmadı mı?
- Görev verilirken bu görevin gerektirdiği becerilere sahip olup olmadığı araştırılmadı mı?
- Yoksa gerekli becerilere sahip olduğu halde, bıkkınlık, yorgunluk, isteksizlik gibi motivasyonel nedenlerden dolayı mı hatalı davrandı?

Yönetici, bütün bu soruları takip ederek hatalı davranıştan birçok ders çıkarır ve bir öğrenme ortamı yaratır.

Öğrenen organizasyonlar anlayışının altında, çalışanların öğrenme potansiyeli taşıdığı varsayımı yatar.

İnsanın bir potansiyel olduğunun 'farkında olmayan yönetici', yönettiği kişilerin gelişmesine önem vermez; onun önem verdiği, potansiyel bilincinin farkında olmayan öğretmen gibi, asık suratlı olmak ve çalışanların kendisinden korkmasını sağlamaktır. Herkesin, kendisinden ne kadar çok korkarsa o kadar çok çalışacağını düşünür ve bu korkunun sürekli olmasını sağlamaya çalışır. Bu yönetici, "Benden korkun!" demez; korkunun adını değiştirir, "saygı," der. "Bana saygı gösterin!" dediği zaman çevresindekiler onun ne istediğini gayet iyi anlar. İşte bir hata yapıldığı zaman, *kişinin gelişme potansiyeli* gibi 'iş hayatına yakışmayan' kavramlarla zaman geçirmez. Hatayı yapanı, 'ibret-i âlem' için en ağır şekilde cezalandırır. Tabii böyle bir ortamda kimse, yeni bir şey yapmaya cesaret edemez; yaratıcılık süratle ortadan kalkar. Ne var ki, yaratıcılık zaten yöneticinin umurunda değildir; o, çevresini 'Evet Efendimciler!'le kuşatır. Öğrenen organizasyon gibi kavramlarla kıymetli vaktini boşa harcamaz.

Önemli soru: İnsanın bir potansiyel olduğunun farkında olan şirketlerin üretim ve kârları, on yıllar içinde, insana değer vermeyen şirketlerden daha fazla olmaz mı?

Devlet Vatandaş İlişkisi

İnsanın bir potansiyel olduğunun 'farkında olan devlet yönetimi', tüm kurumlarını bu temel anlayış üstüne oturtur. "En önemli hazine, bu ülkenin insanıdır," diye düşünür. Dil, din, ırk, cinsiyet ve yöre ayırımı yapmaksızın, ülkenin her bir bireyinin olabileceğinin en iyisi olmasına olanaklar yaratmaya kendini adar. Anayasa, bu temel anlayış üstüne kurulur. Diğer tüm yasalar ve bu yasalara bağlı olarak çıkarılan tüzük ve yönetmelikler, insan potansiyelinin gelişmesi anlayışıyla uyum içindedir.

İnsanın bir potansiyel olduğunun 'farkında olmayan devlet yönetimi' ise, insanın bir potansiyel olduğunun farkında olmayan iş yöneticisi gibi, yönettiği kişilerin gelişmesine özen göstermez. Devleti temsil eden kamu görevlisi de asık suratlı olmaya ve yurttaşların kendisinden korkmasına özen gösterir.

Devlet, vatandaşına 'tebaa' olarak bakar. Vatandaşlarının, ancak yeteri kadar korkması halinde yasalara ve devlete 'saygılı' olacaklarını ve vergilerini vereceklerini düşünür. Vatandaşların korkusunun sürekli olmasını sağlamaya çalışır.

Bu devlet, "Benden korkun!" demez; korkunun adını değiştirir, "saygı," der. "Devlete saygı gösterin!" dediği zaman vatandaşları onun ne istediğini gayet iyi anlar.

Anayasa, 'devlet korkusu'nu temel almıştır; tüm yasalar, tüzük ve yönetmelikler bu temel anlayış üstüne oturtulur. Devlet yöneticilerinin çevresini 'Evet Efendimciler!' kuşatmıştır.

Önemli soru: Her bir yurttaşının bir potansiyel olduğunu kabul eden bir devlet ile vatandaşını tebaa kabul eden bir devlet karşılaştırıldığında ne gibi farklar görürsünüz? On yıllar ve yüz yıllar içinde bu farklar derinleşerek büyümez mi?

Öyle görülüyor ki, bir tek 'potansiyel farkındalığı'nın bir donanım olarak bilincimizde olması veya olmaması bile yaşamımızda önemli farklılıklara yol açacaktır. Şimdiye kadar, potansiyel donanımının ailede, eğitimde, işyerinde ve devlet yönetiminde yer almasının bireyin ve toplumun yaşamında ne denli olumlu sonuçlar yarattığını gözledik.

Sonuç olarak şunu söyleyebiliriz: *İnsan, muhteşem bir potansiyeldir ve bunun bilincinde olan toplumlar, eninde sonunda diğerlerinden daha üstün olur.*

Şimdi aklınıza şöyle bir soru takılabilir: "Ben insanın bir potansiyel olduğunu kabul ediyorum, ama bu potansiyelin gelişip gelişmeyeceği konusunda kuşkularım var. 'İnsan bir potansiyeldir,' dediğimiz zaman, 'mutlaka gelişecektir!' de demiş oluyor muyuz? Yani bu insan potansiyeli her zaman gelişir mi?"

Ortamın Önemi

Bu sorunun yanıtını verebilmek için meşe palamuduna geri dönelim.

Yetişmesine uygun toprak ve iklimi bulunca, meşe palamudu gür bir ağaç olur. Uygun ortamı bulmazsa, aynı meşe palamudu, en fazla cılız bir ağaç olacaktır.

İster gür, isterse cılız bir ağaç olarak büyüsün, meşe palamudu toprağa bir potansiyel olarak girer. Uygun ortam meşe palamudunun potansiyelini tümüyle geliştirirken, uygun olmayan ortam bu potansiyelin ancak bir kısmını geliştirir. Bu nedenle geliştirilerek gerçekleştirilmiş potansiyelden söz edebildiğimiz gibi, geliştirilememiş ve örtük kalmış potansiyelden de söz edebiliriz.

Şimdi meşe palamudu ve meşe ağacını bırakalım, insanların dünyasından gözlemler yapalım.

İki Farklı İnsan Portresi

Çevrenize bir bakın:

- Dik yürüyen,
- Güler yüzlü,
- "Ben yapabilirim!" diye düşünen ve risk alan,
- Hataları, başarıya giden yolda basamak olarak gören,
- Geleceğe umut ve şevkle bakan

insanlar gördünüz mü? Ben gördüm; ama bütün yaşamım boyunca sayıları ikiyi-üçü geçmedi.

Sanırım siz de görmüşsünüzdür; ama sanırım siz de bu tür insanların o kadar çok olmadığına dikkat etmişsinizdir.

Yine çevrenize bir bakın:

- Omuzları düşmüş, süklüm büklüm yürüyen,
- Asık suratlı, bedbin bir yüzle bakan,
- "Ben beceriksizin tekiyim; elimden iş gelmez," diye düşünen ve hiç risk almayan,
- İlk hatada, "Zaten başaramayacağımı biliyordum," diyerek çabalamaktan vazgeçen,
- Geleceğe umutsuzca bakan

insanlar gördünüz mü?

Sokaklarda ve işyerlerinde bu tür insanları çok görüyorum. Sanırım sizin gözleminiz de benimkine benziyordur.

Neden kimi insanlar kendine güvenli, güler yüzlü, gelecekten umutlu da, kimilerinin kendine güveni yok, omuzları düşmüş, suratları asık ve umutsuz?

İçinde yetiştikleri ortamın geliştirme özelliği farklı da ondan!

İki ortam arasında nasıl bir farklılık var ki, bu iki kişi birbirinden bu kadar farklı? Nedir iki ortam arasındaki farklılık?

Biri ailesi, öğretmeni, toplumu tarafından geliştirilmiş, öbürü geliştirilmemiş, kalıplanmıştır.

Peki nasıl?

Çocuğun gelişme ortamı içinde yer alan iletişim sürecinin doğası ve biçimiyle, tabii.

Toprak, güneş ve su, meşe palamudu için ne ise, içinde yetiştiği iletişim ortamı da insan için odur.

Madem insanın gelişmesi bakımından bu kadar önemli, o zaman gelin şu iletişim sürecinin doğasına daha yakından bakalım.

3
İnsanoğlu Algı Dünyasında Yaşar

İnsanın anavatanı çocukluğudur.

CEMİL SÖNMEZ(*)

Algılama Farklılığı

İnsanın günlük yaşamı, kişinin kendi algılaması içinde yer alır. Bu ifadeyi şimdi görsel olarak yaşayalım. Lütfen, bu sayfadaki şekle bakınız. İlk gördüğünüz ne?

İlk gördüğünüz, ya beyaz bir şamdan ya da yüz yüze bakan iki insan profili olmuştur. Birçok okuyucu aynı anda bu şekle bakıyor olsaydı, bir kısmı şamdan, bir kısmı da insan profili görecekti. Kişiler arasındaki bu algılama farkları doğaldır.

Şimdi, lütfen siyahı zemin kabul edin, yani siyah arkada, be-

(*) Cemil Sönmez'le yaptığım kişisel sohbet notlarından.

yaz önde dursun. Siyah arkada zemin olunca önde, beyaz şamdan görürsünüz.

Beyazı zemin kabul ederseniz, bu defa önde, iki insan profili görürsünüz.

Eşiniz, arkadaşınız, yöneticiniz gibi, sizin için önemli biriyle aynı şekle baktığınızı varsayın. Siz sadece şamdan görürken eşiniz sadece iki insan profili görse ve her ikiniz de kendi gördüğünüzün 'tek gerçek' olduğunda ısrar etseniz, bu, evliliğinizi etkiler mi? 'Tek gerçek' görüşünde ısrar eden yöneticiniz ya da yakın bir dostunuz ise, bu, iş yaşamınızı ya da dostluğunuzu olumsuz etkiler mi?

'Kalıplanmış', 'inatçı', 'dediğim dedik, öttürdüğüm düdük' tavırlı, birbirine 'saygısız' kişiler, ilişkilerinde karşısındakinin farklı algılamasına izin vermez. Böyle kimselerin inat etmeleri ve birbirlerini dinlememelerinden dolayı, hem kendileri hem ilişkileri gelişemez.

Örneğin, eşler arasında şöyle bir konuşma geçer:

"Bu şamdan biraz yamuk gibi duruyor!"

"Ne şamdanı yahu? Orada şamdan yok ki! Orada, iki insan profili var!"

"Aaa! Kör müsün sen? Bak orada şamdan var!"

"Hanım, esas kör olan sensin. Orada iki insan profili var."

"Aklı başında kime göstersem, orada şamdanı görür!"

"Ancak senin gibi salaklar şamdan görür. Aklı başında olan orada, benim gördüğümü, yani iki insan profilini görür."

"Salak sensin! Senin gibi salaklar senin gördüğünü görür."

"Şimdi adamı çileden çıkarma; hem akılsız hem de arsızsın!"

Ve benzeri tartışmalar büyüyerek 'hiç yoktan' kavgalara yol açabilir.

Kalıplanmış ve inatçı insanların tam aksine gelişmiş, öğrenmeye açık, birbirine saygılı kimselerin evliliğinde algılama farklılıkları istenir; algılama farklılıklarının yaşamlarını zenginleştirdiği kabul edilir.

Bu çiftlerin arasında ise şuna benzer bir konuşma geçer:

"Bu şamdan biraz yamuk gibi duruyor!"

"Sen orada şamdan mı görüyorsun?"

"Evet! Sen şamdan görmüyor musun?"

"Ne ilginç. Ben birbirine dönük iki insan profili görüyorum."

"Ciddi misin?"

"Vallahi ciddiyim!"

"Gerçekten ilginç! Anlatsana nasıl görüyorsun?"

"Beyaz arkada, iki siyah profil önde duruyor."

"Ben ise siyah zeminde beyaz bir şamdan görüyorum!"

"Haa! Evet, siyahı zemin kabul edince ben de şimdi beyaz bir şamdan görüyorum."

"Görüyorsun değil mi?"

"Evet görüyorum. Sen de beyazı zemin kabul edersen iki insan profili görebilirsin!"

"Evet, evet, şimdi iki insan profilini ben de görüyorum."

İlk örnekteki çift, kendi algılamalarının dışına çıkamadığı için, birbirlerinin gözüyle şekli görememiş, biri diğerinin algılamasını kendininkine benzetmeye çalışmıştır. Böylece, yaşamlarının, birbirlerinin algılamasıyla zenginleşmesine fırsat vermemişlerdir.

İkinci örnekteki çift, kendi algılamalarının dışına çıkabilmiş ve birbirlerinin gözüyle şekli görebilmiştir. Erkeğin kadının gözüyle, kadının da erkeğin gözüyle görmesi sonucunda, her ikisinin de yaşamı zenginleşmiştir.

Buraya kadar söylediklerimizden çıkan şudur ki, bir şey, farklı kimseler tarafından farklı şekilde algılanabilir. Bireyin kullandığı zemin, onun algılamasını belirlemektedir. Zemin değişince, algılama da değişmektedir; algılama zeminin bir sonucudur.

Olay ve Fenomen Aynı Şey Değildir

Olay, çevremizde yer alan fiziksel verilerin tümüdür. Şamdan-profil örneğinde olay, bu şekilden gözünüze yansıyan ışınlardır.

Olay, bizim dışımızda olan fiziksel enerjidir. Fenomen, bu olayın bizim zeminimizden geçerek algılanması ve yorumlanarak anlamlandırılmasıdır.

Bir arkadaşım şu öyküyü yolladı:

Kurabiye Hırsızı

Bir gece, kadının biri havaalanında bekliyordu, Uçağın kalkmasına daha epeyce zaman vardı. Havaalanındaki dükkândan bir kitap ve bir paket kurabiye alıp kendisine oturacak bir yer buldu. Kendisini kitabına kaptırmış olmasına rağmen, yanında oturan adamın olabildiğince cüretkâr bir şekilde aralarında duran paketten birer birer kurabiye aldığını fark etti; ne kadar görmezden gelse de.

Bir taraftan kitabını okuyup kurabiyesini yerken, bir taraftan da gözü saatteydi. 'Kurabiye hırsızı' kurabiyeleri yavaş yavaş tüketirken, kadının kulağı saatin tik taklarındaydı; ama tik taklar sinirlenmesini yine de engelleyemiyordu. Kendi kendine düşünüyordu; "Kibar bir insan olmasaydım, şu adamın gözlerini morartırdım!"

Her kurabiyeye uzandığında, adam da elini uzatıyordu. Sonunda pakette tek bir kurabiye kalınca, "Bakalım şimdi ne yapacak?" dedi kendi kendine.

Adam yüzünde asabi bir gülümsemeyle son kurabiyeye uzandı ve kurabiyeyi ikiye böldü. Kurabiyenin yarısını ağzına atarken, diğer yarısını kadına verdi. Kadın kurabiyeyi adamın elinden kapar gibi aldı ve, 'Aman Tanrım, ne cüretkâr ve ne kaba bir adam; üstelik bir teşekkür bile etmiyor!' diye düşündü.

Hayatında bu kadar sinirlendiğini anımsamıyordu. Uçağının kalkacağı anons edilince, derin bir nefes aldı ve rahatladı. Eşyalarını topladı ve çıkış kapısına yürüdü. Kurabiye hırsızına dönüp bakmadı bile. Uçağa bindi ve rahat koltuğuna oturdu. Daha sonra kitabını almak üzere çantasına uzandı.

Çantasına elini uzatınca, gözleri şaşkınlıkla açıldı. Gözlerinin önünde bir paket kurabiye duruyordu! Çaresizlik içinde inledi; "Bunlar benim kurabiyelerimse eğer; ötekiler de onundu ve benimle her bir kurabiyesini paylaştı!" Üzüntüyle, özür dilemek için çok geç kaldığını anladı.

Kaba ve cüretkâr olan 'kurabiye hırsızı' kendisiydi.

Valerie COX

Dışardaki olay ile algılanan şey farklı olabilir. Algılanan şeye, 'fenomen' adını veriyoruz. Biz insanlar, yalnız algıladığımız kadarını biliriz; yani ancak fenomen dünyasının farkındayız.

Verilen örnekte kurabiye paketinin iki kişinin arasında olması fiziksel bir olaydır; bu fiziksel olayı algılayan iki insan, iki farklı fenomeni temsil ediyor.

Algılama niçin önemlidir? Çünkü insanoğlu ancak algıladığı olaylara anlam verebilir, yani fenomenlerin anlamı vardır, olayların değil.

Algılama alanında gözden kaçırılmaması gereken en önemli bulgulardan biri, algılamamızı belirlediği halde, biz insanların zeminin farkında olmayışımızdır; yani, algıladığımız şeyin farkındayız ama, o algıyı belirleyen etkenin farkında değiliz.

Örneğin, biri karısına duyduğu kızgınlığın farkına varabilir, ama bu kızgınlığın kaynağını açık seçik göremeyebilir. Ancak bilinçli bir gözlem veya verimli bir psikolojik danışma seansının sonunda karısına olan duygularının temelinde bazı beklentilerin yattığını anlayabilir.

Erkek, karısının davranışlarını beklentiler zemininde algılamakta ve ona kızmaktadır.

Bu beklentiler nereden gelmektedir?

Farz edelim ki erkek, çocukluğunda annesinin babasına davranışını, farkına varmadan, karı koca ilişkisinde kendisine model olarak almış olsun. Model olarak aldığı ilişkinin aynısını farkında olmadan kendi evliliğinde de görmek isteyecek, karısının kendisine, annesinin babasına davrandığı gibi davranmasını bekleyecektir.

Bu zemini bilinçli olarak farkına vararak irdeleyip incelemediği için, ev hanımlığının ötesinde başka işi olmayan iki çocuklu annesi ile tam zamanlı yorucu bir işte çalışan iki çocuklu eşini bir tutacaktır.

Bilinçli bir gözlem veya psikolojik danışma seansının sonunda, bu tutumunun –yani, annesi ve eşini eşit koşullarda imiş gibi görmenin– adil olmadığının farkına vararak yeni bir gözle (zeminle) eşine bakmaya başlarsa, kızgınlık yerine ona yardım etme isteği duymaya başlar.

Koca, kendi beklentilerinin bilincine vardıktan sonra, algılamasının zeminini fark edip bu zemini değiştirebilir; farklı bir algılama zeminine kavuşunca, algılaması da değişir.

Farkında Olmadığımız Zeminin Tutsağıyız

Bence 'gerçek özgürlük' sorunu burada yatmaktadır; algılamalarını belirleyen zeminlerin farkında olmayan bir kişi, sürekli o zeminler çerçevesinde algılamaya mahkûm kalacak, o zeminlerin ötesine geçemeyecektir.

Burada söz konusu ettiğimiz algılama özgürlüğü, tüm özgürlüklerin temelinde yatar. Algılama özgürlüğü olmayan bir insanın, bireysel ve sosyal özgürlüğünden söz edemeyiz.

Bu zeminler nereden gelmektedir? Doğal olarak içinde büyüdüğümüz aileden, beraber oyun oynadığımız sokaktaki arkadaşlarımızdan, gittiğimiz okuldan, bulunduğumuz yöreden, toplumdan; kısacası, içinde yaşadığımız toplumun kültüründen.

Kültürden gelen zeminler, biz farkına varmadan algılamalarımızı belirler. Kültürden gelen zeminlerin algılamalarımızı belirleme sürecinin bilincinde değilsek, birer *kültür robotu* olarak yaşarız. Kültür robotu olmaktan insanı kurtaran tek şey, kültüründen gelen zeminlerin farkına varabilmesidir.

Zemini algılayabilmek için daha üst düzey bir zemine çıkmak gerekir. Bu üst düzey zemine çıkınca, altta kalan zeminin farkına varır, yani onu algılayabilirsiniz. *Savaşçı* adlı kitabımda sözünü ettiğim *gözlemleyen bilinç*, üst düzeyde yeni bir zemindir. Gözlemleyen bilince çıkmak için savaşçı, algılamasını sorgular. Örneğin öfkeli ise, "Merhaba öfke, sen hangi zeminden geliyorsun?" sorusunu sorar. Bu sorunun yanıtını, ancak gözlemleyen bilinç düzeyinde verebilir. Gözlemleyen bilinç, bir keşif sürecini içerir; ömür boyu devam eder.

Zeminlerin Ortaklığı

Zeminlerin ortaklığı algılamaların benzerliğine yol açacağı için, benzer zeminlere sahip insanlar, birbirlerini daha kolay anlayacaklardır. İki insan birbiriyle iletişim içindeyken, birbirlerinin dediklerini, zeminlerinin benzerliği oranında algılayıp anlamlandırabilir. Dolayısıyla, zeminleri benzemeyen kişiler birbirlerini tam olarak anlama olanağına sahip değildir.

Algılamaları farklı olan kişiler, esasında dünyalarının aynı olmadığının farkında değillerse, kendilerini iletişim içinde sanırlar ama, gerçekte iletişim içinde değildirler.

"Whatever I am writing now will only make sense to those of you who has English language background; I might be sharing with you now the most profound wisdom, but if you do not have that background you will not perceive it as such and thus won't understand it."

İngilizce bilmiyorsanız, yukarıdaki paragraftan bir şey anlamamışsınızdır. Şimdi Türkçesini yazıyorum:

"İngilizce bilmiyorsanız, bu yazdıklarım size bir anlam ifade etmeyecektir; dünyanın en bilgece düşüncelerini şu an sizinle paylaşıyor olabilirim, ama siz bunları, algılayacak zemine sahip olmadığınız için anlayamazsınız."

Anlayamadığım bir dilde benimle en büyük hikmetleri bile paylaşsanız, benim için anlamı yoktur, anlam veremem.

Zeminler ortak olmadığı sürece birbirimizi anlayamayız. O nedenle, çocuğunuzla konuşurken, bir de çocuğunuzun gözüyle (zeminiyle); eşinizle konuşurken, bir de eşinizin gözüyle; yöneticinizle konuşurken, bir de yöneticinizin gözüyle olaya bakarsanız daha rahat anlaşırsınız.

Kişinin Mahremiyeti

Zemin ve algı dışarıdan gözlenemez, kişinin sinir sisteminde yer alır ve ancak onun tarafından doğrudan farkına varılabilir; yani algılama bireyin mahremiyetinde yer alır. Bu nedenle insanın algılamasının değişmesi, ancak bireyin kendisinin zeminini değiştirmesiyle mümkündür.

Kitabın ilerleyen kısımlarında değişimden söz ederken, bu konuya tekrar değineceğim.

Sayılara Anlam Veren Zemin

Biliyorsunuz matematik, sayıların birbirleriyle olan ilişkilerini inceleyen bir bilim dalıdır. Matematik biliminden, inşaat mühendisleri, elektrik ve elektronik mühendisleri, makine mühendisleri, mimarlar, muhasebeciler, istatistiksel analiz yapan bilim adamları yararlanırlar. Hangi alanda olursa olsun yapılan hesapların bir işe yaraması için sayıların anlamlı olması gerekir.

Bütün sayılara anlam veren başlangıç noktası nedir? Bu öyle bir zemindir ki, eğer bu zeminin bilincini kaybederseniz, rakamların hiçbir anlamı kalmayacaktır.

Gözünüzün önüne getirin; ben odanın ortasında durmuş vaziyetteyim ve ileriye doğru bir adım atıyorum. Benim 'bir adım'ımın anlamı olabilmesi için, ilk durduğum yerin ne olması gerekir? '1' rakamının anlamı, ancak '0' zeminiyle anlam kazanır. Evet, odanın ortasında durduğum yer '0' olmalı ki, bir adım atarak '1' diye saymamın bir anlamı olsun.

'Sıfır zemini', matematikte tüm sayılara anlam veren zemindir. 'Sıfır', matematikte sayıların başlangıç noktasıdır.

Sizin Sıfırınız Var mı?

Matematikteki tüm sayılara ve sayısal işlemlere anlam veren 'sıfır zemini'ne benzeyen bir temel zemininiz var mı? Sizin yaşamınızdaki tüm olaylara anlam veren bu temel zemin ne olabilir?

Bu soru üzerinde düşünün. Daha sonra özbenlik kavramıyla tanıştıracağım sizi. Şimdiden bu soru üzerinde düşünürseniz, özbenlik kavramının önemini ve yaşamınızdaki yerini anlamanız kolaylaşır.

Farklı Zeminlerden Bakmak

Verdiğim bir seminerde, algılama, zemin, şekil, olay, fenomen konularında konuşurken, katılımcılardan biri, elime bir kâğıt tutuşturdu. Kâğıtta şunlar yazılıydı:

> Bütün dünyayı kapsayan bir araştırmanın konusu olarak dünyadaki tüm ülkelerde insanlara şu soru soruldu: "Lütfen, dünyanın diğer bölgelerindeki 'gıda kıtlığı' konusundaki fikrinizi söyler misiniz?"
>
> Birçok nedene bağlı olarak, çalışma tam bir fiyaskoyla sonuçlandı. Çünkü:
>
> — **Afrika'da** kimse 'gıda' kelimesinin anlamını bilmiyordu.
>
> — **Batı Avrupa'da** kimse 'kıtlık' kelimesinin anlamını bilmiyordu.
>
> — **Doğu Avrupa'da** kimse 'fikir' kelimesinin anlamını bilmiyordu.
>
> — **Güney Amerika'da** kimse 'lütfen' kelimesinin anlamını bilmiyordu.

— **Birleşik Devletler'de** kimsenin 'dünyanın diğer bölgeleri' olduğu konusunda en ufak bir fikri yoktu.

Çok abartılı ve aşırı genellemenin bulunduğu bu fıkra, milletlerin değişik zeminlerden olaylara bakabildiğini göstermektedir.

Davranış Algılamayı İzler

Nasıl zemin algılamaya bir anlam veriyorsa, algı da davranışlara bir anlam verir. Suratımızı asmamızın nedeni kızmamız, gülümsememizin nedeni mutlu olmamızdır.

Ancak kişiler, birçok nedenden dolayı algılamalarına uymayan davranışlarda bulunmak zorunda kalabilirler. Bu nedenlerin çoğunun temelinde korku yatmaktadır; istediğini elde edememe ya da dışlanma, ayıplanma korkusu gibi. 'Mış gibi yaşamlar', daha sonra bu kitapta kısaca irdeleyeceğimiz korku ortamlarının karakteristik özellikleridir.

Davranışın anlamı, kişinin algılamasında gizlidir. Anlamı olmayan davranışlar çabucak söner, yok olur. Anababalar, öğretmenler, yöneticiler bunun sürekli farkında olarak, çocuğun, öğrencinin, çalışanın fenomen dünyasını dikkate alıp onun algılamasına konuşmalıdırlar. İnsanın en önemli coşku ve motivasyon kaynağı, yaşamındaki anlamdır. İnsanoğlu, anlamlı bir yaşam için doğmuştur.

Her Davranışın Kendine Özgü Bir Sonucu Vardır

Davranış sonucu belirler.

Asık yüze verilen tepki, güler yüze verilenden farklıdır. Yüzünüz asıksa, bu asık yüze yakışan tepkiler alırsınız. Asık yüzünüze verilen tepkilerden şikâyetçi olmamanız gerekir; asık yüz göstermeye devam ediyorsanız, asık yüz göstermenizin yaşamınızda yaratacağı sonucu kabul etmelisiniz.

Evet, davranış sonucu belirler.

Aşağıdaki öykü İngilizce olarak bana internetten gönderilmişti. Basit ve anlamlı gördüğüm bu öyküyü sizinle paylaşmak istiyorum.

Yaşamın Yankısı

Dağlık bir bölgede adam küçük oğluyla yürürken, oğlan ayağını taşa çarpar ve can acısıyla, "Ahhhhh!" diye bağırır.

Dağdan, "Ahhhhh!" diye bir ses gelir ve bu sesi duyan çocuk hayret eder.

Merakla, "Sen kimsin?" diye bağırır; ama aldığı tek yanıt, "Sen kimsin?" olur.

Çocuk bu yanıta kızar ve, "Sen bir korkaksın!" diye bağırır. Dağdan aldığı yanıt, "Sen bir korkaksın!"dır.

Babasına bakar ve, "Baba ne oluyor?" diye sorar.

"Oğlum, dikkat et!" diyen baba, vadiye doğru, "Sana hayranım!" diye bağırır.

Ses, "Sana hayranım!" diye yanıtlar.

Baba, "Sen harikasın!" diye yine bağırdığında, bu kez dağdan, "Sen harikasın!" yanıtı gelir.

Çocuk şaşırmıştır, ama hâlâ ne olduğunu pek anlayamamıştır.

Baba oğluna durumu açıklar: "Oğlum, insanlar buna *yankı* derler; ama gerçekte *yaşam*'ın kendisidir. Yaşama ne verirsen sana onu yansıtır. Yaşam senin davranışlarının bir aynasıdır. Eğer yaşamında daha çok sevgi istiyorsan, insanları daha çok sev. Eğer sana saygılı davranılmasını istiyorsan, insanlara saygılı davran. Eğer başkaları tarafından anlaşılmak istiyorsan, önce başkalarını anlamaya gayret göster. Eğer insanların sana hoşgörülü ve sabırlı davranmasını istiyorsan, önce sen insanlara karşı hoşgörülü ve sabırlı olmalısın. Oğlum, yaşamda ne ekersen onu biçersin. Bu doğa yasası, yaşamın her yönü için geçerlidir."

İnsanların yaşamı tesadüfler sonucu oluşmaz; insanların yaşamı onların davranışlarının yansımasından başka bir şey değildir.

-Yazarı belli değil-

Davranış ve Sonuç Dışarıdan Gözlenebilir

Zemin ve algı, kişinin iç dünyasına, mahremiyetine ait olduğu için dışarıdan gözlenemez. Ama, bireyin davranışları ve bu davranışın sonuçları dışarıdan gözlenebilir.

Kişi, yaşamında farklı sonuç elde etmek için, şimdiye kadar yapageldiğinden farklı bir davranışta bulunmalıdır. Şimdiye kadar yapageldiği şeyleri tekrar ettiği halde, yaşamında farklı sonuçlar beklemek, doğanın gerçeğine uymaz.

Farklı bir sonuç elde etmek için yeni bir şey yapmaya başlayan kişinin, bu yeni davranışı ayakta tutabilmesi için onu yeni bir anlamla beslemesi gerekir. *Anlamla beslenmeyen davranışlar zamanla söner.*

Yeni bir algılamaya ulaşmak için yeni bir zemin kazanmak gerekir. Değişim psikolojisinin temelinde zemin, algılama, davranış ve sonuç ilişkisi yatmaktadır.

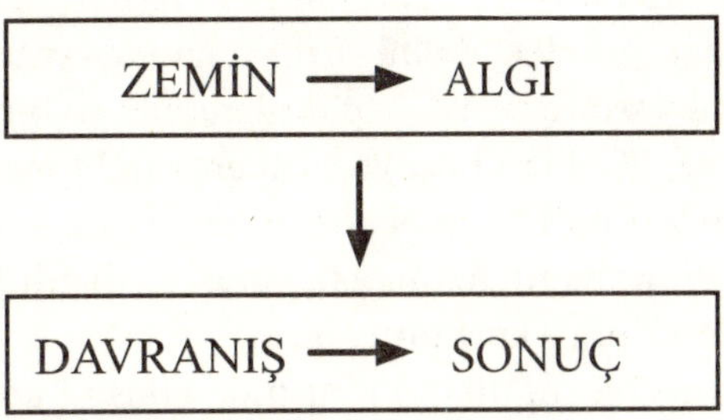

Bireyin mahremiyetinde olan zemin ve algı, ancak iletişimle etkilenebilir; başkasının ricası, emri veya zorlamasıyla değişmez.

Algıda zeminin ve davranışta algının önemini belirtmek için bir babanın çocuğuna diş fırçalamayı nasıl öğretebileceğiyle ilgili olarak şu örneği vermek istiyorum:

Varsayalım ki beş yaşındaki oğluma diş fırçalamayı öğretmek istiyorum. Bunu, ona iki şekilde öğretebilirim:

- Çocuğun fenomenolojik dünyasını hiç hesaba katmadan, onu korkutarak,
- Çocukla, onun fenomenolojik dünyasını hesaba katan bir iletişim kurarak

Önce korku temelli öğretme tarzını alıyorum. Böyle bir yaklaşım tarzı içinde oğlumu çağırırım:

"Gel yavrum buraya. Bak bu diş fırçası, bu da diş macunu. Bununla dişlerini fırçalayacaksın. Ben senin babanım; senin iyiliğini istediğim için bunu sana söylüyorum. Her gece yatmadan önce dişlerini fırçalamanı istiyorum yavrum. Anladın mı?"

"Anladım, baba," diyerek çocuk diş fırçasını ve macunu alır, gider. Gerçekten de birkaç hafta boyunca her gece bildiği, aklının erdiği kadarıyla dişlerini fırçalar. Fakat birkaç hafta sonra diş fırçalamayı unutmaya başlar. Çünkü diş fırçalama davranışı, babasının istemesinin ötesinde başka bir anlamla beslenmemiştir. Beslenmeyen davranış zamanla sönmeye başlar.

Çocuk bazı geceler dişini fırçalamadan yatmaya başlar. Bunun farkına varınca ben, 'sözü dinlenilmeyen bir baba' olarak çok kızarım ve, "Gel lan buraya," diyerek oğlumu çağırır, "ben sana söylemedim mi lan eşşek kafalı, neden dişlerini fırçalamıyorsun sen? Bir daha fırçalamadan yat, seni doğduğuna pişman ederim!" diyerek iyice korkuturum.

Bu korkutma, çocuğun davranışında etkisini gösterir ve o, o akşamdan itibaren yeniden dişlerini fırçalamaya başlar.

Ben de baba olarak, "Gördünüz mü, adam gibi söyledim laf dinlemedi. Şimdi korkuyla nasıl fırçalıyor dişini," diye böbürlenirim.

Siz bu çocukla karşılaşsanız ve ona, 'Niçin dişini fırçalıyorsun?' diye sorsanız, o, ne yanıt verir?"

"Babamdan korktuğum için!" der, değil mi?

Peki, baba iki haftalığına bir iş seyahatine çıksa ve çocuğun dişlerini fırçalayıp fırçalamadığını denetleyecek kimse olmasa, babası yokken çocuk yine de dişlerini fırçalar mı?

Fırçalamaz. Hem fırçalamaz hem de fırçalamamaktan ayrı bir zevk alır. Fırçalamama davranışıyla çocuk, korktuğu bir otoriteye isyan etmekte ve bu nedenle kendince için için meydan okumaktan zevk almaktadır.

Şimdi onun fenomenolojik dünyasını hesaba katarak çocuğuma diş fırçalamayı öğretmek istiyorum. Önce hangi sonuçları istediğimizi bilmeliyiz. Onun için iki resim bulurum: Bunlardan biri çürük dişli birinin, öbürü de inci gibi sağlıklı dişleri olan birinin resimleridir.

Uygun bir zamanda çocuğu karşıma alır ve resimleri gösteririm. "Bak evladım; burada iki insanın resmi var. Birinin dişleri çürük, diğerinin sağlıklı. Büyüdüğün zaman dişlerin nasıl olsun istersin? Çürük mü olsun, sağlıklı mı?" diye sorarım.

Şimdi 'çocuk' kavramından ne anladığımı biraz açmak istiyorum. Çocuk, müthiş bir sinir sistemi potansiyeliyle doğmaktadır. Biz insanların beyinlerinin potansiyelini bir bilgisayarda yaratmaya kalksak, 2001 yılında okuduğum bir makaleye göre, yerküreden daha büyük bir bilgisayar yapmak gerekiyormuş. Doğuştan böyle muhteşem bir beyin potansiyeliyle doğuyoruz.

Bu potansiyele ilave olarak çocuk bir de merakla doğmaktadır. Her çocuk belirli bir yaşa gelince, yetişkinlerin hiç aklına gelmeyen sorular sormaya başlar. Bu sorular, onun kendini ve içinde bulunduğu dünyayı tanımasına olanak sağlar.

İşte böyle büyük bir potansiyele sahip, merak eden oğlum karşımda ve ben elimdeki resimleri göstererek onunla konuşuyorum. "Büyüdüğün zaman dişlerin nasıl olsun istersin? Çürük mü, sağlıklı mı?"

Çocuk sağlıklı bir ortamda büyüyorsa otomatik olarak sağlıklı dişi seçecektir.

"Bu dişler nasıl çürümüş, bu dişler ise nasıl böyle temiz kalmış, öğrenmek ister misin?" sorusunun sonucunda da, çocuk heyecanla öğrenmek istediğini söyleyecektir. O zaman bir bisküviyi ikiye bölen baba, yarısını çocuğa verir. Bisküvinin yarısını çocuk yer, yarısını baba. Biraz sonra aynanın karşısına geçerler ve ağızda dişler arasında kalmış olan kırıntılar çocuğa gösterilir. Kırıntılar hem babanın hem de çocuğun ağzında vardır.

"Bak yavrum; şimdi şu serçe parmağını ağzının içine koy ve ağzını kapa."

Bir süre durduktan sonra, "Tamam, artık çıkarabilirsin. Ağzının içi ılık mıydı?"

Çocuk, "Evet," diyecektir.

"Peki, ağzının içi ıslak mıydı?"

Çocuk, buna da, "Evet," diyecektir.

"İşte yavrum, dişi çürüyen bu kişi, yemek yedikten sonra ağzındaki kırıntıları temizlemeden yatmış uyumuş. Çöplüğe dökülen artıklar bütün gece nasıl çürüyüp kokuşuyorsa, ağızda kalan bu kırıntılar da onun ağzında kokuşmuş ve dişlerini çürütmüş."

Çocuk, çöplüğü ve kokuşmayı iyi bilir. Bu hayali yaratmak, dişi kırıntılardan temizleme yönünde onu kamçılar.

Konuşmama devam ederim: "Dişi temiz olan ise, yemek yedikten sonra ağzındaki kırıntıları temizlemiş. Nasıl temizlemiş öğrenmek ister misin?"

Çocuk öğrenmek isteyecek, "Evet, baba," diyecektir.

O zaman diş fırçası ve diş macunu ortaya çıkarılacak, diş fırçasının nasıl kullanıldığı gösterilecektir.

Tabii bu öğretim tarzı içinde, baba olarak, benim de çocuğa örnek olmam, yani, yemekten sonra dişlerimi fırçalamam gerekir. Aksi halde, çocuk verilen bilgilerin geçerliliğinden ve babanın güvenilirliğinden şüphe etmeye başlar.

Şimdi çocuğa, "Niçin dişini fırçalıyorsun?" diye sorsanız, çocuk ne yanıt verir?

Büyük olasılıkla, "Ağzımda kırıntı kalmasın, kokuşup dişlerimi çürütmesin," yanıtını verir.

Peki, baba iki haftalığına iş seyahatine çıksa ve çocuğun dişini fırçalayıp fırçalamadığını denetleyecek kimse olmasa, babası yokken çocuk yine de dişini fırçalar mı?

Evet, fırçalamaya devam eder.

İlk eğitim tarzında çocuğun algılaması, diş fırçalama davranışının anlamını kavraması önemsenmezken, ikinci eğitim tarzında önemsendi. İlkinde, çocuk babasına duyduğu korkudan dişini fırçalarken, ikincisinde diş fırçalamanın yararlarını anladığı için, dişinin sağlıklı kalması amacıyla isteyerek dişini fırçalayacaktır.

Korkutarak, çocuğun fenomen dünyasına, söyleneni anlayıp anlamadığına hiç önem vermeden onun 'korkusuna konuşmak', çocuğun gelişmesini önler. Buna karşılık çocuğun insanlığına saygı duyup onun fenomen ve anlam dünyasına, aklına önem vererek 'algısına konuşmak', çocuğun gelişmesini sağlar.

Çocuğa, davranışına anlam vermesini sağlayan bir zemin sunarak onun gelişimine katkıda bulunuruz.

Ceza yöntemi kullanan anababa, öğretmen ya da yönetici, karşısındakinin korkusuna; karşısındakine saygı duyanlar ise onun algısına konuşur.

İster çocuğun korkusuna konuşalım ister algısına, her iki halde de çocukla iletişim içinde olmak zorundayız.

İnsanların birbirine ulaşabilmesi için iletişim içinde olmaları gerekir. Şimdi de yaşamın her alanında karşımıza çıkan iletişim konusunu ele alalım.

4
Sürekli İletişim İçindeyiz

Ana babalar, nineler, dedeler
hepsi çocuk bahçesindeler.
Salıncaklar, kaydıraklar...
Büyüklerin bir gözleri çocuklara,
bir gözleri boşluğa bakar.
Onlar dertleriyle gelirler
çocuk bahçesine;
dosyalar, kavgalar,
daireler, daireler, daireler...
Babalarının dairesinin,
dört duvarlı bir kare olduğunu
ancak büyüyünce anlar çocuklar.

Bekçi düdük öttürür sürekli,
Çimleri, Çimleri, Çimleri
korumak gerekli.
Bekçi,
Öfkeli, Öfkeli, Öfkeli.

ÜSTÜN DÖKMEN(*)

Deniz kıyısında bir tatil köyünde olduğunuzu hayal edin.

Güneşin doğuşunu görmek için sabah erken kalktınız ve deniz kıyısında bir yürüyüşe çıktınız. Sahilde yürürken, başka biri-

---

(*) Dökmen, Üstün, *Selam: Şiirler*, Sistem Yayıncılık, İstanbul, 1996, s. 39.

nin size doğru gelmekte olduğunu gördünüz; bu kişi yaklaştıkça onun karşı cinsten tanımadığınız biri olduğunun farkına vardınız.

İçinde yetiştiğiniz aile ve yörenin gereği siz karşıdan gelen bu insana hiçbir şey söylemediniz; hatta rahatsız olmasın diye yüzüne bile bakmadınız.

O da size bir şey söylemedi ve yüzünüze bakmadı.

Birbirinize bir şey söylemeden ve birbirinizin yüzüne bakmadan geçip gittiniz.

Önemli soru: Karşıdan gelen bu kişiyle aranızda iletişim var mıydı?

Bu soruyu sorduğum çoğu kişi, "Hayır, iletişim yoktu!" diyor. Niçin? Çünkü onlar farkında olmadan, kafalarında, söze dayalı bir iletişim tanımı yapmışlar. "İki insan birbiriyle konuşursa iletişim vardır," diye düşünüyorlar.

Halbuki, iki kişi arasında, mesaj alışverişinin olduğu her zaman iletişim vardır.

Peki mesaj nedir?

Anlamı olan her şey mesajdır.

İki insanın birbirine bir şey dememesinin, birbirinin yüzüne bakmamasının anlamı yok mu?

Tabii ki var. Anlam alışverişinin olduğu her durumda iletişim gerçekleşir. İletişimi, anlam alışverişi olarak tanımlayabiliriz.

Evet, sahilde yürüyen bu iki kişi arasında iletişim vardı!

İki insan birbirinin farkına vardığı andan itibaren iletişim başlar.

İki insan birbirinin farkına vardığı andan itibaren:

- Söylediği,
- Söylemediği,
- Yaptığı,
- Yapmadığı

her şeyin anlamı vardır.

- Yüz ifadesinin,
- Beden duruşunun,
- Sesin,
- Bakışın

anlamı vardır.

Konuşmayan, birbirinin yüzüne bakmayan insanlar birbirlerine ne gibi mesajlar göndermiş olabilirler?

Bu iki insan birbirinin yüzüne bakmamak ve birbirlerine bir şey söylememekle birçok anlam ifade etmiş olabilir. Örneğin, aşağıdaki şu mesajlar ve benzerleri, deniz kıyısında birbirini gören ve selamlaşmayan insanlar için geçerli olabilir:

"Sen benim için selam verilecek değerde bir insan değilsin."

"Ben tanımadığım kadınla / erkekle konuşacak tip değilim; benden uzak dur."

"Sabah güneşini görmek üzere sahile çıkmışsınız; selam vererek sizin iç dünyanızdaki sükûneti bozmamaya özen gösteriyorum."

"Konuşmak için canım gidiyor, ama birileri görür de laf eder diye korktuğum için yüzünüze dahi bakmaya cesaret edemiyorum."

Demek ki, iki kimse birbirine hiçbir şey söylemediği ve birbirinin yüzüne bakmadığı halde, ikisi arasında anlam alışverişi vardır.

Başka bir örnek daha alalım. Farz edelim bir otobüs garında tek boş olan sandalyeye oturdunuz. Sandalyeye otururken diğer sandalyede oturan kişilere selam verebilirsiniz veya vermeyebilirsiniz.

Etraftakilere selam verseniz de iletişim içindesiniz, vermeseniz de! Selam verirseniz, 'Sizi insan yerine koyuyorum' , 'Selam verilmeye değer insanlar olarak görüyorum,' anlamını ifade etmiş olursunuz. Selam vermemeniz de zıt anlamlar ifade eder.

Yaşamın dokusunu insan ilişkileri oluşturur. İnsanlar, çoğunlukla birbirlerini adam yerine koyuyor, değer veriyorlarsa o toplumda insanlar daha az stresli, daha güler yüzlü olurlar. Birbirlerini adam yerine koymayan, değer vermeyen insanların çoğunlukta olduğu toplumlarda ise stres yüksektir.

Asansöre bindiğinizde birbirinize sözünüzle veya gözünüzle selam veriyor musunuz?

"Günaydın, merhaba, iyi günler," gibi sözlerin sık sık söylendiği ortamlar uygar ortamlardır.

Asansöre binip birbirlerinin yüzüne bakıp hiçbir şey söylemeyen insanların bulunduğu ortamlarda da iletişim vardır; bunlar, 'Adam yerine koymaya değmezsin' , 'Umurumda değilsin," türünden mesajlardır. Ne var ki, bu tür mesajlar, uygar toplumlardaki insanların birbirlerine verecekleri mesajlar değildir.

Geleneksel Kültür İçinde Selamlaşma

Geleneksel kültür içinde, "selam vermek" ve "selam almak", toplumsal yaşamın önemli bir parçasıydı. Kahveye giren biri, "Selamünaleyküm," dediği zaman kahvedeki herkes ona, "Aleykümselam!" diye karşılık verirdi. Selam vermek sünnet, verilen selamı almak farz olarak düşünülürdü. Selamlaşmak, cemaat yaşamının önemli bir parçasıydı.

Ben bu tür selamlaşmanın yaygın olduğu bir kasaba ortamında büyüdüm. Hayalimde canlandırdığım ve üzerinde düşündüğüm zaman, büyüdüğüm ortamda selam verip almak için gerekli koşulların şunlar olduğunu görüyorum:

1– Yetişkin olmak: Birbirine selam verenler, yetişkin insanlardı.

2– Aynı cinsiyetten olmak: Birbirine selam verenler, aynı cinsiyettendi. Hatırladığım kadarıyla genellikle erkekler birbirleriyle, "Selamünaleyküm," diye selamlaşırlardı. Çok ender olarak kadınların bu tarz selamlaştıklarını hatırlıyorum.

3– Aynı dinsel inancı paylaştığını varsaymak: "Selamünaleyküm," diyerek birbirleriyle selamlaşanların, örtük olarak ifade edilmiş dinsel bir varsayımları bulunmaktaydı. Bu örtük varsayım, "Sen de benim gibi Müslüman'sın; aynı dinsel inancı paylaşıyoruz," şeklinde ifade edilebilir. Bu tür selamlaşmanın özünde Müslüman olmak yattığı için, selamı veren de, alan da birbirlerinin aynı dinsel inancı paylaşan kişiler olduklarını bilirdi.

Çocukken kendi kasabamda yaptığım bu gözlemler Türkiye'nin tümüne ne kadar yaygınlaştırılabilir, emin değilim, ama özellikle kasabalarda durumun böyle olduğu kanısındayım.

Selamlaşma kültürünü bu üç koşul içinde tuttuğunuz zaman, çağdaş bir toplum oluşturmanın önüne büyük engeller dikmiş olursunuz.

İlk engel yaşla ilgilidir. Ancak yetişkinler tanınmaya, görülmeye, adam yerine konmaya layık olarak algılanır ve yalnız onlarla selamlaşılırsa, yaşça küçük olanlar kendilerini toplumdan dışlanmış hisseder. Halbuki çocukların ve ergenlik çağındakilerin, gelişimlerinin o aşamasında toplum tarafından tanınmaya, adam yerine konmaya çok gereksinmeleri vardır.

Adam yerine konma gereksinmesi karşılanmayan kişinin bireyselliği gelişemez; bireyselliği gelişemeyen insan, olgun ve dengeli bir yetişkin olmakta zorluklar çeker; duygusal olgunluğa erişemez, *yetişkin çocuk* olarak kalır.

İkinci engel cinsiyetle ilgilidir. Erkeğin erkek olarak gelişebilmesi için çevresindeki kadın dünyasıyla sorumluluk bilinci içinde iletişim kurması gerekir. Erkek, kadını tanıdıkça ve anladıkça erkekliğinin bilincine varır. Kadının kadın olarak gelişebilmesi de, erkek dünyasıyla iletişim kurması ve onu tanımasıyla ilişkilidir. Kadın ve erkeğin birbirini dışladığı bir toplumda, sağlıklı kadın erkek ilişkisi sürdürmek olanaksızlaşır.

Üçüncü engel dinsel inançlarla ilgilidir. Din, insanın en mahrem inançlarını ve duygularını içerir ve o kişinin evrenle ve kendi özüyle ilişkisini tanımlar. Bu kadar mahrem bir özü her gün ve her yerde basmakalıp, özgünlüğü olmayan bir ilişki malzemesi yapmak, bana doğru gözükmüyor. Bu özün mahremiyetini ihlal etmemek gerektiğini düşünüyorum.

Her bir insanın bu öznel duyguları kendi mahremiyeti içinde taşıyabilme hakkı olmalıdır; bu hak kutsaldır ve saygı görmelidir. Çağdaş laik bir toplumun özünü bu felsefi anlayış oluşturur.

Birine, "Merhaba", "Nasılsınız?", "Günaydın", "İyi günler", "İyi akşamlar" dediğiniz zaman, kendinizin veya karşınızdakinin dinsel inançlarıyla ilgili bir mesaj vermiş olmazsınız.

5
Ortamın Verdiği Mesajlar

Temizlik imandan gelir.

ATASÖZÜ

İnsanlar birbirinin farkına varınca iletişim başlar, dedik ve bu iletişim sırasında kişilerin dolaylı olarak birbirine gönderdiği mesajlara birçok örnek verdik.

Peki, bu mesaj alışverişi içinde ortamın da bir yeri var mıdır?

Evet, vardır.

Nasıl mı? Bunu da bir örnekle açıklayalım.

"A" isimli bir bankanın şubesine gittiğinizi düşünün; içeri girdiniz, kredi almak için biriyle konuşmak istiyorsunuz, ama çevrenizde konuşabileceğiniz bir banka görevlisi göremiyorsunuz. Kapalı bir kapıyı açıyorsunuz, masanın arkasında oturan birine, kredi almakla ilgili olarak biriyle konuşmak istediğinizi söylüyorsunuz. "Vallahi ben de pek bilmiyorum, ama, sanırım ikinci katta Nezahat Hanım bu konuyla ilgileniyor," diyor size.

İkinci kata çıkıyorsunuz ve Nezahat Hanım'ı arıyorsunuz. Birisi, yüzünüze dahi bakmadan, "O bu katta değil, dördüncü katta," diyor.

Dördüncü kata çıkıyorsunuz, Nezahat Hanım'ın bugün gelmediğini ve yerine de kimsenin bakmadığını öğreniyorsunuz.

Oradan çıkıyorsunuz, bir arkadaşınızın çok memnun kaldığı banka aklınıza geliyor ve 100 metre ilerde "B" isimli o bankanın şubesini görüyorsunuz. Görür görmez banka şubesine giriyorsunuz ve girişte karşınıza bir tabela çıkıyor. Tabelaya göz attığınız zaman kredi başvurularının ikinci katta olduğunu öğreniyorsunuz ve kimseye sormadan doğru ikinci kata yöneliyorsunuz.

İkinci katta, üzerinde "Kredi Başvuruları" yazılı bir banko görüyorsunuz. Oraya yönelince sizin geldiğinizi gören kişi sizinle göz teması kurup gülümsüyor; size, "Günaydın," dedikten sonra 'Nasıl yardımcı olabileceğini' soruyor.

Şimdi bu noktada duralım ve şu soruların yanıtı üzerinde düşünelim:

Bir müşteri olarak "A" bankasının şubesinde mi, yoksa "B" bankasının şubesinde mi kendinizi daha değerli hissedersiniz?

Hangi bankanın şubesinde "müşteri olarak beklendiğinizi" düşünürsünüz?

Bu iki bankayı yöneten bilinç, müşteriye verdikleri değeri, oluşturdukları ortam aracılığı ile ifade etmektedir. Siz de, bu ortamlar aracılığıyla, ortamı yaratan bilincin mesajını almaktasınız.

Öğretim üyesi olarak uzun yıllar Kaliforniya'da kaldım ve bu süre içinde birçok defa Türkiye'ye geldim. Türkiye'ye her geliş gidişimde, yol ve kaldırımların Kaliforniya'dan farklı mesajlar verdiklerini düşünmüşümdür.

Bir keresinde uçaktan indiğim günün akşamı Beyoğlu'nda yürüyüşe çıktım; eylül ayının sonlarına doğru, akşamın erken saatleriydi. Alacakaranlıkta yürürken önüme, çapı 60-70 santim olan, oldukça derin bir çukur çıktı. Afalladım, durdum ve 'Aman, ne kadar tehlikeli; yanlışlıkla biri görmeden bir adım atsa ve çukura denk gelse çok ciddi şekilde yaralanır, hatta ölebilir,' diye düşündüm ve çukurun başında durarak diğer yayaların nasıl bir tepki vereceklerini gözlemlemeye başladım.

Benden başka hiç kimse çukura özel bir dikkat göstermedi. Şaşan ve korkan bir tek bendim. Şaşkınlığım bir kat daha arttı; diğerlerinin çukuru bu kadar olağan karşılayışlarına hayret ederek yoluma devam ettim.

Sekiz metre sonra, öncekine benzer bir çukurla daha karşılaştım. Yine korktum, yine hayret ettim, ama öncekinden daha az. Bu çukurun başında da, insanların tepkilerini gözlemlemek üzere durdum. Yayaların tepkisi ilkinin aynısıydı; bu tür çukurların sokaklarda ve kaldırımlarda olmasına o kadar alışmış olmalıydılar ki, durumu doğal karşılıyorlardı.

Bir sekiz metre sonra yine aynı büyüklükte bir çukur görünce, artık hayret etmedim ve başında durmadan yoluma devam ettim. Çukurlar sekiz metrede bir önüme çıkmaya devam etti; belediyenin ağaçlandırma projesi varmış, ilk aşama olarak ağaçların dikileceği çukurları kazmışlar.

Beyoğlu'nu ve şehirlerimizin birçoğunun kaldırımlarını düzenleyen bilincin bana verdiği mesaj açık ve seçikti:

Kör müsün! Yürürken önüne bak! Sen önündeki çukura düşecek kadar ahmaksan ben sana ne yapayım! Gözünü aç, nereye basacağına bak. Senin sokakta çukura düşüp düşmemen beni ilgilendirmez!

Türkiye'de kaldığım iki-üç ay içinde, önüme çukur çıkmasına alışıyorum ve kendi başımın çaresine bakmam gerektiği konusunda ikna oluyorum.

Daha sonra Kaliforniya'ya döndüğümde, bir kaldırım taşının yerinden çıktığını belirtmek için önüne ve arkasına kırmızı renkli plastik ayaklar konduğunu ve göz alıcı fosforlu kırmızı renkli bir şeritle kuşatıldığını görüyorum. Bakıyorum, içimden gülmek geliyor ve şunlar geçiyor: 'Ben kör müyüm, böyle gözüme sokarcasına renklerle donatmanıza ne gerek var? Ne olacak sanki; bir tek kaldırım taşı yerinden oynamış, insanın ayağı bile burkulmaz. Siz gelin de benim ülkemdeki baba çukurları görün! Bunlar çocuk oyuncağı!'

Türkiye'de uzun süre kalmamın benim sokak ve kaldırımlarla ilgili algılamamı ve beklentilerimi etkilediğini anlıyorum.

Ben ne düşünürsem düşüneyim, her iki ortamda yayaya verilen mesajlar farklı olmaktadır. Birinci ortamda yaya olarak bana verilen değer neredeyse yok denecek kadar az olduğu halde, ikinci ortamda çok olmaktadır.

Tabii bu ortamların oluşmasında, toplumların ekonomik altyapıları önemli rol oynar. Her çukurun etrafına göz alıcı fosforlu işaretler koymak belediyeye bir maliyet yükler. Ne var ki, nedeni ne olursa olsun, yaya içinde bulunduğu yürüyüş ortamından kendisiyle ilgili mesajları almaya devam eder.

Misafir Odalarımızın Mesajı

Amerika'da ve bizde misafirlerin ağırlandığı yerler, ortamların mesaj kaynağı olabileceğine ilişkin başka bir örnek oluşturur. Türkiye'de misafir odası vardır; burasının mobilyası, temizliği, düzeni önemlidir. Evlenmeden önce, misafir odasının mobilyalarının tamamlanması gerekir. Çünkü kültürümüzde misafir önemlidir. Özel "misafir terlikleri"miz vardır; ancak eve gelen misafir giyer.

Amerika'da ise özel misafir odası yoktur; oturma odalarına, hem gelen misafir oturur hem de evde yaşayanlar. Misafirin bizdeki kadar ayrıcalığı da yoktur; eğer yemek yerken misafir gelirse Türkiye'de ısrarla masaya davet edildiği halde, Amerika'da, "Açsanız yemek verebiliriz," türünden zayıf bir davetle karşılaşırsınız.

Bir ülkenin evlerindeki misafir odalarının evin tümüne oranla önemli bir yer kaplaması, misafir terliklerinin en kaliteli ve en yeni terlikler olması, o toplumda misafirin önemli olduğuna işaret eder.

Evet, sonuç olarak şunu söyleyebiliriz; her girdiğiniz ortamın size verdiği mesajlar vardır. Bu ortam banka şubesi, yaya kaldırımı, otobüs garı veya bir devlet dairesi olabilir. Her ortamda, o ortamı yaratan bilinç, ortam aracılığıyla size mesaj yollar.

Ortamın mesaj kaynağı olma özelliği, mimarlık mesleğini uygarlığın önemli bir parçası yapmıştır. Tarih boyunca hükümdarların sarayları, onların gücünü gösterecek şekilde inşa edilmiştir. Birçok toplum, adliye saraylarının en görkemli mimaride yapılmasına özen gösterir.

Bir kentte müzelerin, kültür merkezlerinin, konser salonlarının, çocuk parklarının olması veya olmaması, o kentte yaşayanların ve o kenti yönetenlerin bilincinin aynasıdır.

Unutmayalım, sürekli iletişim içindeyiz. İnsanlar birbirlerinin farkına vardığı andan itibaren iletişim başlar ve mesajların kaynağı kişilerin kendisi olduğu kadar, onların oluşturduğu ortamlar da olabilir.

6
İletişim, Çok Kanallı Bir Süreçtir

İçinde kötülüğü yok, biliyorum;
Yok, benim de yok ama…
Olmaz ki!
Böyle de yatılmaz ki!

ORHAN VELİ KANIK(*)

Birbirimizin farkına varınca başlayan iletişim, çok kanallı bir süreçtir; her bir duyu organı, bir iletişim kanalı işlevini görür. Gelin, bu iletişim kanallarına şöyle bir göz atalım.

Görsel Kanal

Şimdi gözlerinizi kapasanız elinizdeki kitabı göremez, yazılanları okuyamazsınız. Gözden gelen mesajlar, yaşamımızın önemli bir parçasını oluşturur. İnsanlarla yüz yüze iletişim kurduğumuz zaman şunları fark edebiliriz:

- Yüzlerinin güleç veya asık,
- Kendilerinin sağlıklı veya hastalıklı,
- Giyimlerinin itinalı veya pejmürde,
- Giysi renklerinin uyumlu veya uyumsuz,

(*) Soysal, İlhami, *20. Yüzyıl Türk Şiiri Antolojisi*, Bilgi Yayınevi, Ankara, 1994, s. 224.

- Hareketlerinin uygun veya uygunsuz,
- Mesafenin yakın veya uzak (burnunuzun dibine gelmiş biri ile sizinle uzaktan konuşan biri gibi).

Karşıdaki insanda gördüğünüz –ve hatta göremediğiniz– her şeyin bir mesaj değeri vardır.

Burada bir anımı anlatmak istiyorum. Bu anımı, seminerlerimde ve televizyon programımda daha önce paylaştığım için okurlarıma aşina gelebilir.

Yıllar önce bir belediye kuruluşuna iletişim semineri vermem için davet edildim. Seminer salonunda oturma düzeni 'U' şeklindeydi ve ben 'U'nun açık ucunda durarak semineri sunuyordum.

"Günaydın arkadaşlar!" diyerek seminere başladım.

Hiç kimse yanıt vermedi; ancak yüzüme ilgiyle bakmaya devam ediyorlardı.

"Kimse benim 'Günaydın'ıma yanıt vermedi," diyerek sözüme devam ettim. Yüzlerde hafif gülümseme oluşmaya başladı ve ben konuşmama devam etim.

"Bu bir iletişim semineridir ve ilk öğrenmemiz gereken şey, insanlar birbirlerinin farkına varınca iletişimin başladığı gerçeğidir. Ben size, 'Günaydın arkadaşlar!' dedim ve siz hiçbir şey söylemediniz. 'Hiçbir şey söylememe'nin de bir anlamı vardır. Sizin bana hiçbir şey söylememenizin anlamı ne olabilir? Benim aklıma şunlar geliyor:

1– 'Günaydın arkadaşlar!' dediniz ama, bu bir açış cümlesiydi; bir karşılık beklemiyordunuz, o nedenle size 'Günaydın!' demedik.

2– Henüz sizi pek tanımıyoruz; tanımadığımız insanlara 'Günaydın!' demeyiz; sizi biraz daha tanıdıktan sonra 'Günaydın!' deyip demeyeceğimize karar vereceğiz.

3– Burada bizden büyükler var; size 'Günaydın!' denecekse onlar söyler, bize düşmez."

Bu son yorumu söylediğim zaman herkes gülümseyerek 'U

düzeni'nin en ortasında oturan kişiye baktı. O zaman dikkatimi çekti, ortada oturan o kişi, katılımcılar arasındaki en asık suratlı olandı. Oradakilerin müdürü olduğunu daha sonra öğrendiğim bu kişinin suratı gerçekten çok asıktı. Bazı insanlar vardır, sürekli öfkeli ve aşağılayıcı bir yüz ifadesiyle insana bakarlar; işte bu adamın yüzü öyle bir ifade taşıyordu.

Semineri vermeye devam ettim; yalnız ara sıra asık suratlı Müdür Bey'in yüzüne bakmaktan da kendimi alamıyordum. Dinlediklerinden hoşlanmayan, kızgın, hatta benden iğrenen biriymiş gibi bir mesaj veriyordu yüzü.

Bir fırsatını bulup kendisiyle konuşmaya karar verdim. İlk çay arasında hemen yanına gittim ve, "Beyefendi, sizinle iki dakika konuşabilir miyim?" diyerek izin istedim. "Buyurun!" diyerek rızasını gösterince, herkesin seminer odasından çıkmasını bekledim ve en son çıkan kişinin arkasından odanın kapısını kapattım. Aramızda şöyle bir konuşma geçti:

— Sizden bir ricam var!

— Buyurun.

— Benim yüzüme bakarak bana küfreder misiniz, lütfen!

— Estağfurullah!

— Gayet ciddiyim; lütfen yüzüme bakarak bana küfreder misiniz?

— Hayrola Hocam? Bir şey mi oldu?

— Sizden şunu rica ediyorum; gözlerimin içine bakarak, "Doğan Cüceloğlu, Allah senin belanı versin!" der misiniz?

— Estağfurullah Hocam! Bir hata mı yaptık?

— Beyefendi, yüzünüz âlâsını söylüyor, bir de dilinizden duymak istedim!

Yüzünde şaşkınlık, mahcubiyet ve merak duyguları birbirine karışarak gözümün önünde sanki resmi geçit yaptılar. Konuşmama devam ettim:

"Beyefendi, aslında ben size bir hediye vermek istiyorum; umarım şimdi söyleyeceklerimi bu niyet içinde yorumlarsınız. Bu yüz ifadesiyle nasıl bir yönetim ortamı oluşturduğunuzu görüyorum; sizin bulunduğunuz ortamda çalışanlar konuşmaktan, düşüncelerini ifade etmekten çekiniyorlar, çünkü korku içindeler. Ama onlar böyle bir yönetim ortamında çalışmayı şu veya bu nedenle kabul etmişler, benim onlar için söyleyeceğim bir şey yok.

"Bana öyle geliyor ki, siz bu yüzü eve, ailenize de götürüyorsunuz; böyle bir yüzün yarattığı bir aile yaşamı ve bu yaşam içinde yer alan karı-koca ve anababa-çocuk ilişkileri var. Ben, sizinki gibi bir yüzle bana bakan bir babam olmasını istemezdim. Eğer ailenizde daha yakın ve daha sıcak ilişkiler olmasını istiyorsanız, lütfen yüz ifadenizin farkına varın ve daha sıcak ve kabul edici bir yüzle eşiniz ve çocuklarınızla iletişim kurun. Benim size vermek istediğim hediye budur!"

Bizim kültürümüzde çok yaygın olan bir yönetim anlayışı içinde yöneticilerin çoğu, bu tür yüz ifadeleri içinde olurlar. Niçin bu yüz ifadesine gereksinim duyarlar? Belirli bir dünya görüşünün sonucu olarak böyle bir yönetim anlayışı gelişir ve bu yönetim anlayışının doğal sonucu olarak da asık yüz ifadesi o yüze sanki yapışır. Bu dünya anlayışına, "korku kültürü" adını veriyorum. Korku kültüründen ilerideki bölümlerde kısaca söz edeceğim.

Asık yüzüne rağmen, aslında iyi niyetli ve akıllı bir insan olduğunu sezerek Müdür Bey'le etkileşim kurmuştum; yanılmamışım. İlk şoku atlattıktan sonra, gülümseyerek bana teşekkür etti; eve gidince bu konuyu eşiyle paylaşacağını ve bu konu üstünde düşüneceğini ifade etti. Kendisine vermeye çalıştığım farkındalığı görüp bu fırsattan yararlanma eğilimiyle duygusal yönden olgun, sorumlu bir kişi olduğunu göstermiş oldu. Çocuğu olup olmadığını sordum. Lisede bir oğlu ve ortaokulda bir kızı olduğunu söyledi. Bu konuyu onlarla konuşup konuşamayacağını sordum. "Bilmem; konuşmam doğru olur mu?" diye sordu. Ben de, "Eğer asık suratı devam ettirmeyi planlıyorsanız, konuşmayın; ama, daha güler yüzlü, yakın bir ilişki içinde olmak istiyorsanız, açık yüreklilikle benimle etkileşiminizi paylaşın ve onların ne düşündüklerini sorun," dedim.

O, verdiğim "hediye!" için bana teşekkür etti; ben de ona, "bu kadar hassas bir konuda gösterdiği açıklık ve dürüstlük" için teşekkür ettim.

Evet, sürekli iletişim içindeyiz ve bakışımızla, yüz ifademizle, giyiniş tarzımızla, el kol hareketlerimizle, oturuşumuz ve kalkışımızla karşımızdakilere ve çevremizdekilere sürekli mesaj veririz. Bakışlar, gözlerin dili, gönül ilişkilerinin başlamasında ne kadar önemlidir.

Şair ne güzel söylemiş:

BİRİSİ

Bir şey var aramızda
Senin bakışından belli
Benim yanan yüzümden
Dalıveriyoruz arada bir
İkimiz de aynı şeyi düşünüyoruz belki
Gülüşerek başlıyoruz söze
Bir şey var aramızda
Onu buldukça kaybediyoruz isteyerek
Fakat ne kadar saklasak nafile
Bir şey var aramızda
Senin gözlerinde ışıldıyor
Benim dilimin ucunda

NAHİT ULVİ AKGÜN(*)

Verdiğimiz mesajların bilincinde olup onların sorumluluğunu almak, gelişmişliğin, duygusal olgunluğun bir göstergesidir.

İşitsel Kanal

Karşılıklı ya da telefonla konuştuğumuz zaman sesimizin tonu, tınısı, vurgulama tarzımız, sessizliklerin süresi, kekeleyerek

(*) Özkan, A.; Durbaş, R., *Cumhuriyetten Günümüze Türk Şiiri Antolojisi*, Boyut Dosya Yayınları, İstanbul, 1999, Cilt 2, s. 364.

konuşmamız, duraklamamız, kelimeleri tane tane veya birbiri peşi sıra söylememiz iç dünyamız hakkında fikir verir.

Davudi erkek sesiyle konuşan birinin söylediklerinin aynısını ince sesli bir erkek söylese dinleyenler üzerinde aynı etkiyi uyandırmaz.

Bazı kelimelerin üstüne basa basa konuşan kişi, nelere önem verdiği konusunda bize ipucu vermektedir.

Kişinin konuşma tarzı, onun kendinden ne kadar emin olup olmadığı hakkında bir fikir verdiği gibi, söylediğini ne kadar bildiği ve söylediğinden ne kadar emin olduğu konusunda da bir izlenim verir. Tanışma ortamında edinilecek bu tür ilk izlenimler, kurulacak ilişkinin geleceği hakkında çok önemli etkilere sahiptir.

Ahmet Altan *Tehlikeli Masallar*'da, kadının konuşma tarzından neler anlaşılabileceğini şöyle dile getiriyor:

> "Sesinden tanıyordum kadınların mutsuzluğunu, sanki seslerinin özel bir kokusu oluyordu, kıyılmış tütün kıvamında, yanık gül yaprağı gibi kokuyordu sesleri, daha ilk notasında alıyordunuz kokusunu, bezgin, mesafeli ve biraz da düşmanca bir ses çıkarıyorlardı. Bir köpeğin bütün kokuları birbirinden ayırt edip insanların duygularını kokularından anlamaları gibi kadınların sesini tanırdım, her tonunu bilirdim, yalnızca kulaklarımla değil bütün vücudumla duyardım onların sesini. Sesler değişse bile duyguların seslere kattığı tonlamalar değişmez, ne kadar saklamak isteseler de bunu beceremezler, bir köpekten kokularını saklayamayacakları gibi benden de seslerini saklayamazlardı. Yüzlerini, bakışlarını, sözlerini, hatta seslerini bile değiştirebilirler, ama o seslerin içindeki küçücük vurgulamaları değiştiremezlerdi."(*)

(*) Altan, Ahmet, *Tehlikeli Masallar*, Can Yayınları, İstanbul, 1996, s. 25.

Dokunsal Kanal

Dokunmanın işlevi, yaşamın değişik alanlarında araştırmalarla saptanmıştır. Çocukların gelişmesinde dokunmanın önemi belirlenmiştir. Örneğin, hekimlerin denetimindeki bir yetimhanede çok sayıda bebeğin daha büyümeden öldüğü yönetimin dikkatini çekiyor. Gıdaları ve temizlik koşulları varoşlardaki çocuklardan daha iyi olduğu halde, yetimhanedeki bebekler, yetersiz gıda alan ve pis koşullarda yetişen çocuklardan daha fazla hastalığa yakalanıyor ve ölüyor.

Durumu araştıran psikolog, yetimhanede her bir çocuk bakıcısına 15 bebek düştüğünü görüyor. Çocuk bakıcıları çocukları beslemeye ve onların altını değiştirmeye o kadar çok zaman harcıyorlar ki, onları kucaklarına alacak vakit bulamıyorlar.

Araştırmacı psikolog, çocukları dört gruba ayırıyor: Birinci grupta her bir bakıcıya üç, ikinci grupta altı, üçüncü grupta dokuz ve dördüncü grupta on iki çocuk düşüyor. Bakıcılar besleme ve alt değiştirme işlerini bitirdikten sonra geri kalan zamanlarını çocukları kucaklayarak, onlara dokunup, öpüp, koklayarak geçiriyorlar. Bu uygulama birkaç yıl devam ediyor. Bu sürenin sonunda araştırmacı şu sonucu buluyor: En çok dokunulan birinci grupta en az, en az dokunulan dördüncü grupta ise en çok hastalık ve ölüm ortaya çıkıyor. Dokunulan ve sevilen çocuk, hastalığa karşı direnç geliştirmektedir.

Dokunulmayan çocuğun bağışıklık sisteminin gelişmediği değişik araştırmacılar tarafından gözlenmiştir. Kucaklanan ve öpülen çocuk, kendisine hiçbir şey söylenmese dahi, sevildiğini ve değer verildiğini bilmekte ve hem ruhen hem de bedenen daha sağlıklı gelişmektedir.

Karı koca ilişkilerinde de dokunmanın ne kadar önemli olduğu değişik araştırmalarla gösterilmiştir. Eşlerine daha çok dokunan çiftlerin daha mutlu olduğu ve kendilerini birbirlerine yakın hissettikleri ve daha doyumlu bir cinsel yaşamları olduğu saptanmıştır.

Boşanmayı düşünen çiftler birbirlerine masaj yapmaya başlayınca, büyük bir çoğunluğu boşanmaktan vazgeçmiştir.

Bizim toplumumuzda, yakın arkadaş ve dostların birbirlerine sık sık dokunduğunu görürsünüz. Dokunma, ilişkinin sıcaklığını ve kişilerin birbirlerine karşı hissettikleri yakınlığı yansıtır.

Kokusal Kanal

Benim yetiştiğim yörede, limon kolonyası dışında 'koku sürmek erkeklere yakışmaz' anlayışı hâkimdi. Yaşlı hacılar 'hacı yağı' sürebilirlerdi; bu hoş karşılanırdı.

Kaliforniya'da katıldığım bir seminerin çay molasında, diğer katılımcı arkadaşlarla sohbet ediyorduk; söz, bir süre sonra koku süren erkeklere geldi. Biri, "1994 yılında Amerika'da erkekler kokuya 2 milyar dolar harcamışlar," diyerek, kokunun oldukça hatırı sayılır bir pazarı bulunduğunu ifade etti. Ben elimde olmadan küçümseyen bir yüz ifadesinde bulunmuşum. Seminere katılan güzel bir bayan yüz ifademin farkına vararak, "Erkeklerin koku sürmesini onaylamıyor musunuz?" diye sordu. Ben de içinde yetiştiğim yörenin bakış tarzını dile getirdim; "Koku kadına yakışır, erkeğe yakışmaz," dedim.

"Ben, kokunun erkeğe çok yakışabileceğini düşünüyorum!" dedi.

Bu güzel bayanın düşüncesini biraz deşmek istedim ve sordum:

"Koku süren erkeğin sürmeyenden farkı ne?"

Gülümsedi ve şu yanıtı verdi: "Yanımdan geçen bir erkeğin erkeğimsi kokusunu aldığım zaman o bana şu mesajları verir:

— Ben erkeğim, bende erkek enerjisi var, hayata erkek olarak bakıyorum!

Kokusunun kalitesine göre de,

— Ben kaliteli bir erkeğim, mesajını alırım."

Güzel bayana hangi kokuları kaliteli bulduğunu sorduğumu ve söylediği markadan ufak bir şişe aldığımı hatırlıyorum.

* * *

Verdiğim seminerlerde, Amerikalı bayanla aramda geçen bu konuşmayı anlattıktan sonra, seminere katılan bir bayana yaklaşırım ve, "Kaldırımda yürürken size yaklaştığımı ve şöyle dediğimi farz edin," derim:

— Hanımefendi ben erkeğim, bende erkek enerjisi var, hayata erkek olarak bakıyorum ve kaliteli bir erkeğim!

Bunları söyledikten sonra sorarım; "Bu durumda, benim hakkımda ne düşünürsünüz?"

Hemen hemen bütün seminerlerde bayanlar, böyle bir şey başlarına gelirse rahatsız olacaklarını ifade ederler; "Böyle konuşan bir erkeğin akıl sağlığından şüphe ederiz ve onunla ikinci kez karşılaşma durumunda ondan çekiniriz, tedirgin oluruz," derler.

Demek ki kokunun kendine özgü mesajları var ve bu mesajları ancak koku verebilmekte; ancak kokunun verebileceği bu mesajları söze dökersek mesaj işlevini görmez, hatta tam tersi bir etki uyandırır.

Sizlerin de başına gelmiştir, benim başıma sık sık geldi; güzel bir kadın pis kokuyorsa çirkin görünmeye başlar. Sanırım yakışıklı bir erkek pis kokuyorsa çekiciliğini kaybeder.

Koku merkezleri iç beyindedir ve beyin kabuğunun denetiminden uzaktadır; bu nedenle kokular duygusal yaşamımızı doğrudan ve kuvvetle etkiler; bu etki olumlu da olabilir olumsuz da. Kokunun olumsuz etkisini düşünceyle gidermek çok zordur.

Tatsal Kanal

"Erkeğin kalbine giden yol midesinden geçer," sözü, birçok yörede geçerli kabul edilmektedir. Ayrıca, çok yaygın olan "tatlı yiyelim, tatlı konuşalım," sözü de halk arasında tat almanın bir iletişim aracı olarak bilindiğini ifade ediyor.

Tanıdığım biri, daha önce duymadığım yöresel bir gelenekten söz etti. O yöredeki geleneğe göre, kız istemeye gidilince, kızın kahveye koyduğu şeker miktarına göre, isteyen kişiye gönlünün olup olmadığı anlaşılırmış. Doğrudan konuşma olanağı vermeyen kültür, kıza, başka bir kanaldan kendini ifade olanağını böylece sağlamış oluyor.

Yine ilişkilerden söz ederek şunu söyleyebiliriz: Damak zevki uyan çiftlerin evliliği, diğer koşullar eşit varsayılırsa, damak zevki uymayan çiftlerden daha güçlüdür; zevkleri uyan çiftler birbirine daha yakındır. Damak zevkiyle duygular arasında güçlü bağlantılar vardır. Hoşlandığımız bir yiyecek bizde olumlu duygular uyandırır. Sevdiğimiz yiyecekleri hazırlayanları severiz; kendimize değer verildiğini düşünürüz. İtici bulduğumuz yiyecekleri önümüze koyanları sevmeyiz.

İlk İzlenimler

Daha önce birbirini hiç görmemiş insanlar ilk defa birbirlerini gördüklerinde, kısa sürede birbirleri hakkında bir izlenim oluşturmaktadırlar. Kişinin güvenilir veya güvenilmez, hoş veya nahoş, önemsenecek veya önemsenmeyecek, uyumlu veya uyumsuz olduğu gibi algılamaları içeren bu ilk izlenimler, otuz-otuz beş saniye gibi kısa bir sürede oluşmakta ve daha çok sözsüz mesajlara dayanmaktadır. Los Angeles'taki Kaliforniya Üniversitesi (UCLA) öğretim üyelerinden Mehrabian adında bir psikolog, insanların birbirleriyle ilgili ilk izlenimini nelerin belirlediğini araştırdı (Mehrabian, 1981). Bulduğu sonuçlar gerçekten ilginç. Gözden gelen mesajlar ilk izlenimin yüzde elli beşini, kulaktan gelen mesajlar yüzde otuz sekizini oluşturmaktadır. Kişinin 'ne söylediğini' belirten içerik ise, ilk izlenimin ancak yüzde yedisini oluşturmaktadır.

Görsel kanal: % 55

İşitsel Kanal: % 38

Söz / İçerik: % 07

Bu sonuçlardan anlaşılan o ki, ilk karşılaştığımız zaman *nasıl* göründüğümüz, *nasıl* bir yüz ifadesine sahip olduğumuz ve *nasıl* konuştuğumuz, *ne* konuştuğumuzdan daha önemli olmaktadır.

İletişim Kanalları Arasında Bir Ahenk Vardır

Güler yüzlü insanın sesi sıcak ve dokunuşu yumuşak olur. Güler yüzlü insanın sizi üzmeyen olumlu şeylerden söz etmesini beklersiniz. Asık suratlı insanın sesi soğuk ve dokunuşu sert olur; konuştuğunda sizi üzen olumsuz şeylerden söz etmesini beklersiniz. Bebekler, henüz konuşmaları anlamadıkları dönemde bile yüz ifadesinden ve sesin tonundan sevilip sevilmediklerini hissederler.

Psikologlar, iletişim kanalları arasındaki ahengin bozulmasını, akıl hastalığının bir belirtisi olarak yorumlar. Güler yüzle birine hakaret eden bir insanın davranışı da normal değildir, asık suratla karşıdakini ne kadar özlediğini ve sevdiğini söyleyen insanınki de!

İletişimin çok kanallı bir süreç olduğunu bilerek yolculuğumuza devam edelim.

7
İletişimin İki Düzeyi: İç Dünya ve Dış Dünya

İkinci yüzüm sen gül biraz
Ben ağlayacağım
Havadan sudan konuş kaygısız
Ben deli gibi
Âşık olacağım
İkinci yüzüm
İşine gücüne bak sen
Ben şiir yazacağım
Dosyalar aç
Tezkere yaz
Dostlara bile duyurmadan
Ben öleceğim yine biraz
İkinci yüzüm
Yolda kaldı iki gözüm
Ekmek getir bana biraz.

BÜLENT ECEVİT(*)

Evet, iki insan birbirinin farkına varınca iletişim başlar ve her iletişim durumunda iki düzey vardır; olayların algılandığı, yorumlanıp anlamlandırıldığı bireylerin 'öznel iç dünya'sı ve

---

(*) Özkan, A.; Durbaş, R., *Cumhuriyetten Günümüze Türk Şiiri Antolojisi*, Boyut Dosya Yayınları, İstanbul, 1999, Cilt 2, s. 468.

bireylerin o durumda göstermek veya söylemek istediği mesajlardan oluşan 'sosyal dış dünya'sı.

İletişim durumlarında, karşıdakinin gösterdiği sosyal dış dünyayı görürüz; gösterilen o *yüz*'ü mesaj olarak alırız. Ama, gösterilen o *sosyal yüz*'ün arkasında, gerçekte bir öznel iç dünya vardır ve mesajın gerçek anlamı bu iç dünyada oluşur. Gösterdiğimiz yüzler, içinde bulunduğumuz 'sosyal ortama münasip' yüzlerdir. Aksi halde o ortamda bulunan kişiler bize, 'münasebetsiz biri' olarak bakarlar. Münasebetsiz biri olarak görülmemek için iç dünyamızdaki mesajları, içinde bulunduğumuz sosyal ortama uygun/münasip hale getirir ve öyle iletişim kurarız.

Bir televizyon programıma konuk olarak gelmiş olan bir bayan, dış dünyaya gösterdiğimiz sosyal yüzlere ilişkin olarak, "Evlenmeden önce insanlar birbirlerine hep *'ütülü yüz'*lerini gösteriyorlar," gözlemini yapmıştı.

Birey, kendi öznel iç dünyasının doğrudan farkındadır. Öznel iç dünya, bizim mahrem dünyamızdır; ancak bizim tarafımızdan gözlenebilir. İletişim, anlamını ve anlamsızlığını bu iç dünyadaki algı ve yorumlarda bulur.

Türkçenin zenginliğini kullanarak öznel iç dünyaya *can* diyeceğim. *Can*, bizim özümüzdür; yaşamımızla ilgili her şey, anlamını orada bulur. Birisi bizi çok sarsan bir kötülük yapınca, "Beni can evimden vurdu," deriz. İstediğimiz, iştahımızı kabartan yiyeceği, 'canımız çeker.' En yakın arkadaşımız, 'can dostu'-dur.

Evet, her iletişimde bir can, başka bir cana sosyal yüzler aracılığıyla ulaşmaya çalışır. Aslında bu dediğim tam olarak gerçeği yansıtmıyor. Yaşamda can, bazen gerçekten başka bir candan saklanmaya çalışabilir.

Can, Gözlerdedir

Biriyle konuşurken dikkat edin; konuştuğunuz kişinin neresine bakıyorsunuz? Konuştuğumuz kişinin gözünün içine bakarız. O da gözümüzün içine bakarak bizi dinler ve konuşur. Neden?

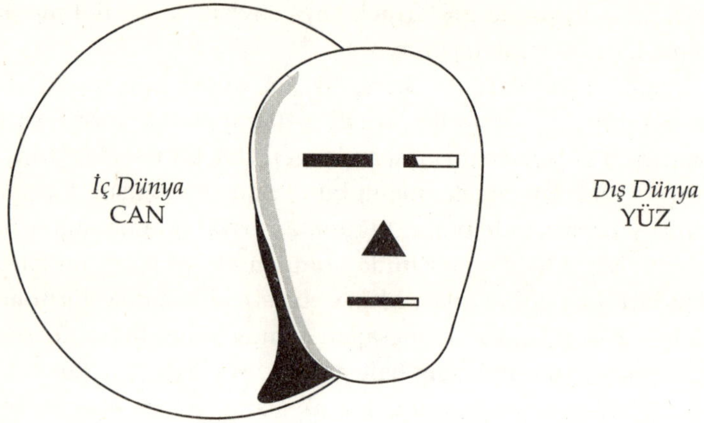

Çünkü bir can, o gözün arkasındaki bir başka cana ulaşmaya çalışıyordur.

Peki konuştuğunuz kişi sizden gözlerini kaçırıyorsa ne düşünürsünüz? 'Benden sakladığı bir şey var,' diye düşünürsünüz.

Gelin burada gerçek iletişimin adını koyalım:

Gerçek iletişim, bir canın başka bir cana ulaşmasıdır.

Yalnızlık ve Tek Başına Olmak Farklı Şeylerdir

Çevrenizde hep sosyal yüzlerle iletişim kuruluyorsa ve candan mesajlarla sizin canınıza ulaşılamıyorsa, kendinizi *yalnız* hissedersiniz. 'Tek başına olmak' ve 'yalnız olmak' ayrı ayrı şeylerdir. Diğer insanlarla beraber olduğunuz zaman tek başına değilsiniz; ama bu, yalnız olmadığınız anlamına gelmez. Bazı insanlar evliliklerinde bile yalnızlık içindedir.

Daha önce, *Yeniden İnsan İnsana* isimli kitabımda yer verdiğim, Charles C. Finn'in "Söylemediklerimi İşitin Lütfen" başlıklı şiirini burada tekrarlamak istiyorum.

SÖYLEMEDİKLERİMİ İŞİTİN LÜTFEN

Bana aldanmayın!
Yüzüm bir maskedir,
Sizi aldatmasın.

Binlerce maskem var,
Çıkarmaya korktuğum,
Ve,
Hiçbiri ben değilim...
Olmadığımı göstermek
İkinci doğam oldu.

"Kendinden emin biri" dersiniz,
Sanki güllük gülistanlık
Benim için her şey...
Adım güven belirtir,
Ve,
Oyunumun adı
"Ağırbaşlılıktır".
İçimde ve dışımda denizler sakin,
Her şeyin kumandanı ben...
Kimseye gereksinme duymayan
Ben...
Fakat, inanmayın bana,
Lütfen!...

Her şey dışta düzgün ve cilalı,
Hiç yıpranmayan, her zaman saklayan
O maske!...
Altta ne güven, ne de rahatlık...
Altta,
Karışıklık, korku ve yalnızlık içinde bocalayan
Gerçek ben!...
Ama saklarım bu gerçeği savunuculukla...
Kimsenin bilmesini istemem...

Zayıf taraflarımı düşündükçe,
Titrer ve sararırım…
Ve başkaları görürse iç dünyamı…
Gerçek ben ve yalnızlığımı!

İşte,
Maskelerimi onun için takarım…
Onun için, arkalarına saklanacak
Maskeler yaratırım…
Onlar,
Gösterişte kullanabileceğim
Parlatılmış yüzlerim.
Beni korur, bakan gözlerden…

Beni olduğum gibi kabul edecek,
Sevecek
Bakışlar bulamazsam,
Solacak kuruyacak gerçek ben…
Ve,
Ben bunu biliyorum.
Beni kendi maskelerimden kurtaracak,
Kurduğum hapishaneden kaçıracak
Diktiğim engellerden aşıracak,
Beni seven,
Beni anlayan
Bakışlar olacak.
Bana,
"Sen değerlisin" diyecek,
"Maskesizken, daha bir insansın"
"Daha yakın, daha bir dostsun"
Diyecek bir bakışa
Beni gören bir bakışa
Muhtacım…
Benim yanıma sokulman kolay olmayacaktır!…
Uyarırım seni dost!…

Uzun yıllar kendini yetersiz hissetmiş ben,
Sana kendini kolayca açamayacaktır...
Bütün gücümle tutunacağım maskelerime,
Ne kadar sokulursan yakınıma,
O denli şiddetli geri iteceğim seni...

Kim olduğumu merak ediyor musun?
Hiç merak etme...
Ben çevrendeki
Her erkek ve kadınım...
Maske takan her insanım.

CHARLES C. FINN
(Çeviren: Doğan Cüceloğlu)

Evliliğiniz sosyal yüzlerin mi, yoksa canların evliliği mi? Bunu ancak siz kendi iç dünyanızda, özünüzde, mahremiyetinizde bilebilirsiniz.

İşinize yalnız sosyal yüzünüzü mü götürüyorsunuz, yoksa işyerinde çalışan can mı? Bu sorunun yanıtını da özünüzdeki mahrem dünyanızda siz bilirsiniz.

Unutmayın; yaşam, anlamını canda bulur. Her şey anlamını içteki o size özgü kaynakta bulur. Yaşamınız anlamlıysa, bu size coşku verir. Anlamlı bulduğunuz işi şevkle yaparsınız. Yaşamda anlamını bulan zorluğu memnuniyetle göğüslersiniz ve şikâyet etmezsiniz. Yaşamda anlamını bulan ilişki size heyecan verir.

8

İç ve Dış Dünya Farkı Stres Oluşturur

Akıllı insan dürüsttür.

JOHN CLARKE

İç ve dış dünya farkının bir ölçek üstünde gösterildiğini varsayalım. Ölçeğin '0'ı gösteren ucu, iç dünyadaki mesajın aynısını ifade eden bir dış dünyayı belirtmektedir. Ölçeğin '10' rakamıyla ifade edilen diğer ucu ise iç dünyadakiyle hiç ilişkisi olmayan bir dış dünyanın, bir dış yüzün varlığını gösteriyor olsun.

İÇ VE DIŞ DÜNYA ARASINDAKİ FARK

Şimdi size bir sorum var: Üç-dört yaşındaki çocuklar, bu ölçeğin hangi ucuna yakındır?

Evet, sıfır ucuna! Çocuğun içindeki ne ise, dilindeki ve yüzündeki de odur. Onun için, "Çocuktan al haberi!" demişler.

Hepimizin, çocukların saflığı ve açık sözlülüğüyle ilgili gözlemleri olmuştur. Ben birkaç gözlemimi burada paylaşmak istiyorum:

Otogarda otobüs bekliyordum. On yaşlarındaki ağabeyiyle el ele yürüyen dört-beş yaşlarındaki bir kız çocuğu dikkatimi çekti; otogarda, bekleme yerinde oturan anne ve babasının yanına gidiyorlardı. Çocuklar, oturmakta olan adamların önlerinden geçtiler. Kız çocuğu, pis bir koku aldığını belli eden bir şekilde yüzünü buruşturdu ve etrafına bakındı. Annesinin yanına varınca, adamlardan birini gösterdi ve rahat duyulabilecek bir sesle, "Anne, o adam çok pis kokuyor!" dedi. Anne gülümsedi, kızı kucağına çekti ve kulağına bir şeyler söyledi; yavaş sesle söylediği için ne dediğini duyamadım. Ama kız annesinin yüzüne tüm ciddiyetiyle bakıp, "Ama, pis kokuyor!" diye yine duyulabilecek bir sesle yanıt verdi.

Çocuğun düşüncesine göre eğer biri pis kokuyorsa, onun pis koktuğunu söylemekten daha doğal ne olabilir! Madem adam pis kokuyor, her yerde ve her zaman, "Adam pis kokuyor!" denir. Evet, haberi çocuktan almak gerekir!

Bir eğitimci arkadaşım, teyzesinin kızıyla ilgili yaşanmış şu öyküyü anlattı. "Biz o zaman, İstanbul'a yakın bir kasabada oturuyorduk. İleri yaşlardaki dedem hastalandı ve yatağa düştü. Ona bakmak anneme ve teyzeme kaldı. Dedem üç-dört yıl yatalak kaldı ve huysuzluk yaparak anneme ve teyzeme zor günler yaşattı. Teyzemin kızı o zamanlar dört yaşındaydı ve annesinin ve annemin ara sıra, 'Öff, illallah dedirtti! Ölse de kurtulsak,' diye konuştuklarını duyuyordu. Bir gün annem ve teyzem kasaba dışında bir nişana gitmişler, ama dedem fenalaştığı için telefonla çağrılmışlardı. Hemen bir otobüse atlayıp geri geldiler.

Otogardan eve yürürken küçük kız onların geldiğini pencereden görünce, hemen dışarı çıkarak, 'Müjde! Müjde! Dedem öldü!' diye bağırarak onlara doğru koşmaya başladı. Annesi hemen onu kucağına alıp ağzını kapadı ve çocuğun kulağına bir şeyler söylemeye başladı. Kızın yüzündeki şaşkınlığı görmenizi isterdim. O yüzde, yetişkinlerin iç dünyalarıyla gösterdikleri yüzlerin ne kadar farklı olduğunu hayretle keşfeden bir çocuğun yüzünü görüyordum."

Zamanla çocuklar da yetişkinler gibi 'ütülü yüzler' göstermeyi öğrenir. Bu sürecin adına, sosyalleşme denir. Sosyalleşmeyle çocuk, içinde yetiştiği kültürün beklentilerini öğrenmeye ve o beklentiler doğrultusunda davranmaya başlar. Yetişkinlik çağına gelince, artık o da ne zaman hangi 'münasip yüzün' kullanılacağını bilir hale gelir.

Beni ısrarla evine davet eden bir tanıdığı ziyaretimde, sosyalleşme aşamalarını gözlemleme olanağı buldum. Bu anımdan da burada, bir örnek olarak söz etmek istiyorum.

Beklenen gün ve saatte gittim ve evin zilini çaldım. Kapıyı, dört-dört buçuk yaşlarında gözüken afacan bir oğlan çocuğu açtı ve bana, "Sen kimsin?" diye sordu. Üstünde pijaması vardı. Pijamanın altını ters giymişti ve pijamanın sol bacağı dizlerine kadar sıvalıydı. Pijama üstü yukarı kıvrılmıştı ve göbeği meydandaydı. Sağ ayağında çorap vardı ve çoraptaki delikten bir parmağı dışarı çıkmıştı. Bana yine, "Sen kimsin?!" diye sordu.

Ne diyeceğimi bilemedim; 'Bu çocuğun gözünde şimdi ben kimim?' diye düşünüyordum ve gerçekten de söyleyecek anlamlı bir şey aklıma gelmiyordu. Annesi geldi ve "Aa, Doğan Bey gelmiş! Yavrum çekilsene kapıdan! Buyurun Doğan Bey! Hoş geldiniz! Ay ne iyi ettiniz, bizi çok sevindirdiniz!" diye memnuniyetle ve telaşla konuşurken, o annesine, "Anne bu kim?" diye sormaya başladı. Annesi gülerek, "Yavrum, Doğan Bey, Doğan Cüceloğlu, kitapları var, televizyona çıkar," diyerek beni önemli bir insan olarak gördüğünü anlatmaya çalışıyordu. Ama, bu açıklamaların hiçbiri çocuğu tatmin etmiyordu ve bana, 'Sen kimsin?' türünden bir yüz ifadesiyle bakmaya devam ediyordu.

İçeri girdiğimde ilk gördüğüm, misafir terlikleri oldu. Üstün Dökmen'in seminer ve konferanslarında belirttiği gibi, misafir terlikleri kapıda bekçi gibi beklerler ve ayakkabılarını çıkarmadan misafirleri içeri bırakmazlar. Bu evde de misafir terlikleri, diğer terliklere nazaran daha yeni ve daha kaliteliydi ve bekçilik görevleri için ortaya bir yere konmuşlardı. Ayakkabımı çıkarmaya başladım, ev sahibi hanım, "Çıkarmasaydınız Doğan Bey; nasıl rahat ederseniz öyle yapın lütfen!" dedi. Şimdi iki farklı mesajla karşılaştığımın farkındaydım: Bir, terliklerin verdiği mesaj; iki, ev sahibi hanımın verdiği mesaj. Ama ben terliklerin verdiği mesajı, kadının verdiği mesajdan daha içten ve inandırıcı bulduğum için, ayakkabılarımı çıkardım ve terlikleri giydim.

"Şöyle buyurun Doğan Bey," diyerek ev sahibi beni misafir odasına yönlendirdi. Misafir odasının kapısında durup beni içeriye buyur etti. Kadının misafir odasındaki mobilyalara bakışı, beni buyur ediş tarzı, içerdeki mobilyalarla gurur duyduğu izlenimini verdi. Sanki şöyle diyordu: "Doğan Bey, şu mobilyalara bir bakın. Bu mobilyaları alabilmek için evliliğimizi bir yıl geciktirmek zorunda kaldık, ama değdi. Bakın ne kadar güzeller, değil mi?"

İçimden, mobilyaları selamlayarak saygılarımı sunmak geldi; ama, yakışık almayacağını düşündüğüm için yapmadım.

Oğlan çocuğu benim kim olduğumu hâlâ merak ediyor ve bunu belirten bir yüz ifadesiyle bana bakmaya devam ediyordu.

Eşinin hazırlanmakta olduğunu ve şimdi geleceğini söyledi. O sırada yan odadan bir kız sesi annesini çağırdı. "Anne, anneee, biraz gelir misin?" Anne kızının yanına gitti. Yan odadan anne ve kızın konuşmaları duyuluyordu. Kız, "Anne bu çorapta delik var!" dedi; anne, "Peki tatlım şunu giy; bak rengi de elbisene uyuyor," diye yanıtladı.

Biraz sonra on bir-on iki yaşlarında bir "hanımefendi", biraz mahcup, oldukça meraklı, güzelliğinden emin ve iltifat bekleyen bir tavır içinde içeriye girdi ve önüne bakarak yürümeye başladı.

Hemen ayağa kalktım ve, "Ay bu hanım kız kim?" diyerek ona doğru yürüdüm ve elimi uzattım, kendimi tanıttım. O utangaç utangaç yere bakarak bana adını söyledi. Bizim afacan hemen devreye girdi ve ablasına, "Abla bu kim?" diye sordu. Ablası gülümseyerek bana baktı ve, 'Ah bu zavallı çocuk! Ne zaman büyüyecek!' gibi bir acımayla karışık alaycı bir tavır içinde onun sorusunu hiç kaale almadı.

İki farklı sosyalleşme düzeyiyle karşı karşıya olduğumun bilincinde idim. Dört-dört buçuk yaşındaki oğlan çocuğunun 'misafir karşılama, uygun giyinme, uygun konuşma, uygun hal ve tavırlar içinde olma' anlayışı henüz oluşmamıştı. Ama ablası, yaşının gerektirdiği sosyalleşmeye sahip olarak uygun davranabiliyordu. "Başkası ne der?" sorusu, oğlanın umurunda olmadığı halde, kız çocuğu için önemli hale gelmişti.

Aşırı Sosyalleşme Olabilir mi?

Acaba sosyalleşmede aşırıya kaçma ve 'aşırı sosyalleşme' olabilir mi?

Evet olabilir. Üstelik *can*'ı ikinci plana itip yaşamda en önemli şeyin *sosyal yüz* olduğunu çocuklarımıza sosyalleşme süreci içinde bizzat biz öğretiriz. "Başkaları ne der?", "Çok ayıp!", "Sakın kimse görmesin; sonra senin hakkında ne düşünürler!" gibi hep *sosyal yüz*'ü vurgulayan bir yetiştirme tarzı içinde, çocuk *kendi özünü* önemseme**me**yi öğrenecektir. Kanımca, aşırı sosyalleşme ve bunun sonucu olarak bireyselliği kaybetme, toplumumuzda sık sık rastlanan bir durumdur.

Aşırı Sosyalleşme, İç ve Dış Dünya Arasındaki Farkı Büyütür

Aşırı sosyalleşen kişi nasıl olur?

Her şeyden önce daha 'sosyal' bir insan olur. Ortama uygun, yani 'münasip' davranmaya başlar. Kendi söylemek istediklerini bilir, ama söyleyeceklerinin başkasını nasıl etkileyeceğini, daha konuşmaya başlamadan düşünmeye başlar ve o kişilerle olan ilişkisine verdiği önem derecesinde iç dünyasındaki mesajları onların beklentisi yönünde 'düzenler', 'ayarlar.' İç dünyası neyi söylerse söylesin, yaşamını etkileyebilecek güçte olan insanların beklenti ve düşüncelerine açıkça karşı çıkmamaya özen gösterir. Göstermezse birkaç defa 'canı yanar!' ve daha sonra o durumlarda münasip davranmayı öğrenir.

Aşırı sosyalleşen insanlar, dışarıdan bakıldığında, başkalarını rahatsız etmeyen, aranan, 'hoş' insanlar gibi görünseler de, aslında yaşamlarını, "Başkaları ne der?"e göre düzenleyen ve bunun doğal sonucu olarak özlerinden koparak kendilerine yabancılaşmış insanlardır.

Kişinin yaşamındaki yalnızlığın kaynağı, bu özünden kopuş, uzaklaşma ve yabancılaşmadır. Bu yalnızlık dışarıdan gözlenemez; bireyin mahrem dünyasında, ancak kendisi tarafından gözlenebilir.

Varoluş Stresi: Kendi Gözünde Gerçekliğini Kaybetmek

İç ve dış dünya arasındaki mesafe, bireyin yaşamındaki en önemli stres kaynağıdır. Ben bu strese **varoluş stresi** diyorum, çünkü her iletişim eyleminde, *birey kendi gözünde var olma veya yok olma süreci içindedir*. Herkesin gözünde var olduğu halde, kendi gözünde yeteri kadar var olamayan insan, stresli ve mutsuzdur.

'Kendi gözünde yeteri kadar var olamamak', 'kendi gözünde gerçekliğini kaybetmek' ne demektir, ne anlama geliyor? Bu konuyu farklı yaşamları gözleyerek biraz açalım.

- Herkes, "Ne kadar güler yüzlü biri," derken, aslında o, kendisinin içten içe öfkeyle dolu olduğunu ve korktuğu için bu duyguları sakladığını bilir. Gerçek olan öfkedir; gülen yüz, öfkeyi saklamak içindir, bu yüzden sahtedir. Bu nedenle kişi, kendi gözünde gerçekliğini kaybeder.

- Herkes onu yardımsever biri olarak bilir; ama o, kendisinin sürekli çıkar peşinde olduğunun farkındadır; bunu diğerlerinden 'yardımseverlik maskesi' arkasında saklayabilmektedir. Bu kişi, kendi gözünde gerçekliğini kaybetmiş biridir.
- Sevmediği biriyle onun malı mülkü için evlenmiştir. Şimdi yaşamını tüm mahremiyetleriyle yakından paylaşmak durumunda olduğu kişiyle iç dünyasında yıldızlar kadar uzakken, dış dünyasında çok yakın görünmek zorundadır. 'Mış gibi' bir evliliğin içinde cehennem azabı çekmektedir; ne var ki, ruhunu sattığı mal mülkten de vazgeçememektedir. O, kendi gözünde gerçekliğini kaybetmiş biridir.
- İşinde yaratıcı ve verimli olmak istemektedir; ama, işin başındaki yönetici, beraberinde çalıştığı kimselere değer vermeyen, onları adam yerine koymayan bir tavır içindedir. Geçmişte bundan hoşlanmayanlar, duygu ve düşüncelerini yöneticiye ifade etmişler ve bu nedenle işlerini kaybetmişlerdir. İşini kaybetmemek için yöneticinin tavırlarına "eyvallah" demek durumunda kalmanın ötesinde, sanki yönetici haklı, diğerleri haksız gibi davranmaktadır. Bu süreç devam ederken, kendi gözünde gerçekliğini gittikçe kaybeden bir kişi olmaktadır.

İç ve Dış Dünya Arasındaki Fark Ne Kadar Çok Olursa Varoluş Stresi O Kadar Fazla Olur

Kişinin iç dünyasında düşündüğü, hissettiğiyle dışarıya karşı gösterdiği, söylediği duygu ve düşünceler arasındaki fark, onun yaşamındaki önemli bir stres kaynağını oluşturur.

İç dünyasını, yani gerçek duygu ve düşüncelerini ifade edebilen bireyin, iç dünya dış dünya farkı pek yoktur. Bu nedenle bi-

İÇ VE DIŞ DÜNYA ARASINDAKİ FARK

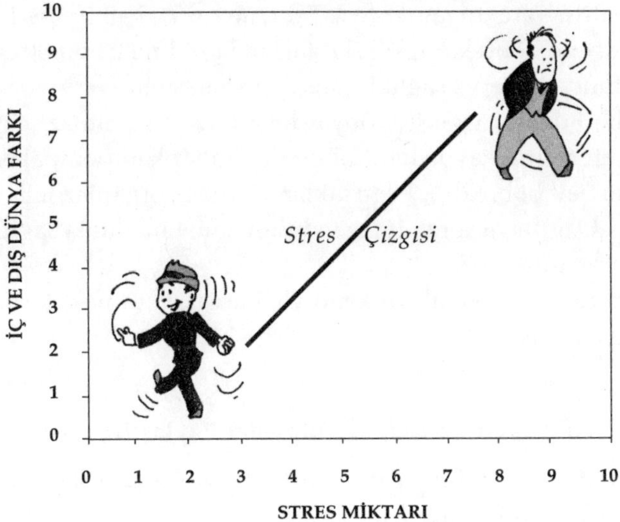

reyin yaşamında varoluş stresi azdır. Bu bireyin yaşamında can yalnız değildir.

Kendi hayatını yaşayabilmek önemlidir. İnsanın içinde olduğu tüm yaşam çabasına, *kendi hayatını yaşayabilme çabası* adı verilebilir. Biri için, "Özgün bir yaşamı var," dediğimizde, anlatmak istediğimiz budur: Bu kişi, iç dünyasında düşündüklerini ve hissettiklerini sözlerinde ve davranışlarında yaşayabilmektedir. Bu düşünce ve davranışlara sahip kişiye, *özgün insan* deriz.

Özgün insanın yaşamında stres azdır.

Özgün yaşamı olmayan insan, iç dünyasında hissettikleri ve düşündüklerini davranışına yansıtamaz; bu insanın söyledikleri ve yaptıkları kendi iç dünyasından değil, başkalarının ondan beklentilerinden kaynaklanır. Bu kişi başkalarının kendisinden duymak istediklerini söyleme zorunluluğunu hisseder; onların görmek istediklerini yapar. Onun yaşamında *sosyal yüz* baskındır ve *can* geriye itilmiştir; yalnızdır.

Böyle bir kişinin yaşamında stres çoktur. Bireyin bilinci, bu stresi bir süre sonra duyamaz hale gelir; ne var ki, kalbi, ciğerleri, bağırsakları ve böbrekleri, sürekli farkında oldukları bu stresin ağırlığı altında ezilir ve sağlıklı çalışamaz hale gelir.

Yani bu adamın ciğerleri doya doya havayla dolmaz; ciğer çalışma yeteneğini kaybeder. Kalbi rahat rahat kan pompalayamaz. Aynı şey böbrekler, bağırsaklar ve diğer organlar için de geçerlidir. Özgün yaşamı olmayan insan, tam anlamıyla sağlıklı bir yaşam sürdüremez.

İç huzura sahip olmak ve kendiyle barışık yaşamak, kişinin sağlığının temelidir.

Güven Ortamında İç Dünyalar Paylaşılır

Neden insanlar iç dünyalarını sözlerine ve davranışlarına olduğu gibi yansıtamazlar?

Evet, önemli bir soru. Niçin içimizdekileri olduğu gibi dışa yansıtamayız?

Çünkü çekiniriz!

Niçin çekiniriz?

Değişik nedenlerden dolayı çekiniriz. Kimisi, "Düşündüğümü olduğu gibi söylersem, ayıp olur," diye çekinir. 'Ayıp'la büyümüş birisi, başkalarının gözünde 'ayıp' görünebilecek şeyler yapmaktan korkar. Çocukluğunun en mutsuz anılarını, bu 'ayıp' kelimesi harekete geçirir. İçindeki utanca boğulmuş *'iç çocuk'*, bütün olumsuzluğuyla onun yaşamının direksiyonunu ele alır. Bu kişi, iç dünyasından utanır; iç dünyasındaki arzularda, düşüncelerde ve duygularda bir bozukluk olduğunu düşünür. Kendi canına, dost değil, düşman gözüyle bakmaya başlar. Kendine yabancılaşır; kendinden utanır. Utanca boğulmuştur.

Çekinmenin başka nedenleri de olabilir. Kimisi, içinden geçenleri olduğu gibi paylaştığı zaman kendi çıkarlarına zarar geleceğini düşünür.

İnsan kendisinden daha güçlü kişilerle konuşurken dikkatli

davranmayı erken yaşta öğrenir. Anababa güçlüdür; o nedenle, belirli bir yaştan sonra, çocuklar anne veya babalarından bir şey isterken, onların huyuna suyuna gitmeye çalışır. Güçlü insan, işyerindeki patron veya yönetici olabildiği gibi, devlet dairesinde sizin işinizi yapmak durumunda olan bir görevli de olabilir. Doktor hasta ilişkisinde doktor güçlüdür. Aklı başında her insan, ilişkilerinde gücün şu veya bu şekilde farkındadır ve farkında olduğu biçimde o güce uyum sağlamaya çalışır. Bu uyumun bir parçası da güçlü kişiyi rahatsız etmemek için içindekileri olduğu gibi söylememektir.

İnsan iç dünyasını sözlerine ve davranışlarına yansıtmaktan her zaman çekinir mi?

Hayır her zaman çekinmez.

Peki, ne zaman çekinmez?

Kendinin, düşüncelerinin, duygularının doğal bulunup kabul edileceğine, yargılanmayacağına *güvendiği* zaman.

Bir ailede insanlar birbirlerini olduğu gibi kabul ediyorsa, aile ilişkileri can cana ilişkilerden oluşuyor demektir. Can cana ilişki içinde olan insan doğaldır, içinden geldiği gibi konuşur ve davranır. Bu tür ailelerde insanlar birbirlerine güler yüz gösterirler, şaka yaparlar, birbirlerinin arkasından konuşma gereği duymazlar, çünkü istediklerini o anda karşıdakinin yüzüne rahatlıkla söyleyebilirler. O ailede kişiler art niyetli değildir ve varoluş stresi azdır.

Bir işyerinde insanlar iç dünyalarını paylaşabiliyorsa o işyerinde açık iletişim vardır. Açık iletişimin olduğu işyerinde güven yüksek, varoluş stresi düşüktür.

İnsanların birbirine güven duymadığı toplumlarda, kişilerarası ilişkilerde stres fazladır; anababa çocuğa, çocuk anababaya, yönetici çalışana, çalışan yöneticiye, işveren sendikacıya, sendikacı işverene, devlet vatandaşına ve vatandaş da devletine güven duyamaz. Birbirlerine güven duyamadıkları için de, ilişkilere, dürüstlük ve açıksözlülük yerine, yalan ve hile yön verir. Ama, birbirlerinin yüzlerine sürekli dürüst olduklarını söylerler.

Ne var ki, her iki taraf da bu 'mış gibi dürüstlük oyunu'nun farkındadır.

Böyle toplumlarda dürüst ve açıksözlüler 'safdil' ve 'tecrübesiz' addedilir ve insanlar onlara acır; bir canın başka bir cana ulaşması olanaksızlaşır.

9
Can, Hem Ait Hem Bağımsız Olmak İster

İnsanlarla münasebetin ateşle münasebetin gibi olsun. Çok uzaklaşma donarsın; çok yaklaşma yanarsın.

SÂDİ ŞİRAZÎ

İnsan olarak birçok gereksinmelerle doğarız. Bu gereksinmelerden biri bağımlı olmak, diğeri bağımsız olmaktır. Bu iki gereksinim birbirlerine iki zıt kutup oluşturur. Bağımlı olmak kutbunda insanoğlu aileye, derneğe, spor kulübüne, dine, millete, bayrağa ait olmak ister. Bağımsız olmak kutbunda ise birey olarak tüm bağlardan uzak kendisi olarak var olmak ister.

Çocuk Gelişirken

Anne hamileyken bebek tamamıyla anneye aittir. Anne sadece kendisi için değil, karnındaki bebek için de yer, içer, nefes alır. Anne, fizyolojisini bebekle paylaşmaktadır; hamileyken sigara veya içki içiyorsa, çocuk da sigara ve içki içiyor sayılır.

Bu yüzde yüz ait olma durumu, çocuğun doğumuyla son bulur. Çocuk doğduktan sonra ilk dakikalarda kendisinin nefes alması gerekir; artık anne onun için nefes alamaz. Çocuğun nefes alması, bağımsız olma yönünde atılmış ilk minik adımdır. Yaş ilerledikçe bu minik adım, daha büyük adımlarla bağımsız olmak, birey olmak yönünde desteklenir. Önceleri annenin, kaşıkla kendisini beslemesine izin veren bebek, bir süre sonra annesinin ağzına uzattığı kaşığı yolda yakalar ve onun kendisini beslemesine izin vermez; artık kendi başına yemek istemektedir.

Önceleri elinden tutularak yürütülen bebek, zaman geçtikçe elinden tutulmasını istemez; eli tutulmadan, kendi başına yürümek ister. Kendi başına yürürken anababa bir duvarın veya ağacın arkasına saklansa, geri dönüp bakan çocuk anababayı göremezse ağlar. Dikkat edin, çocuk hem eli bırakılmadığında ağlar hem de anababayı göremediğinde! Çocuk, davranışlarıyla şu mesajı veriyor: "Elimden tutma, ama orada dur, bana bak! Beni yalnız bırakma!"

Can, hem bağımsız olmak istiyor hem de ait olmak. Birey olmak ve ait olmak gereksinmesi ne kadar dengeliyse, kişi o kadar mutlu ve enerjiktir. Özgürlüğü elinden alınmış, ilişkiler içinde tutsak kalmış, kendi istediklerini yapamayan kişi mutsuzdur ve yaşam enerjisi düşüktür. Aynı şekilde, yapayalnız kalmış, kimsenin umursamadığı kişi de mutsuzdur ve yaşam enerjisi düşüktür.

Yaşamın İki Bacağı Var

Yaşam iki bacak üstünde duruyor; ait olma ve birey olma bacakları. Ömür, doğumdan ölüme değişik koşullar içinde yapılan bir 'yaşam dansı' olarak tanımlanırsa bu iki bacağı birbirine denk olan insanın yaşam dansı daha fazla olanaklara sahip olur; bu kişi her türlü dansı yapabilir. Bacaklarından biri diğerinden uzun veya kısa olan kişinin yaşam dansı geniş olanaklar yelpazesi içinde yer almaz; yaşam dansı için bu kişinin koltuk değneğine ihtiyacı olur.

Ait olmanın baskın olduğu aile ortamında, 'sen merkezli', kişiliksiz, kendini sürüden biri olarak gören insanlar yetişir. Bu insanlarda sınırlar ve sorumluluk bilinci gelişemez.

Sınırlar ve sorumluluk bilinci yaşamın önemli bir yönünü oluşturur. Bu konuyu, kitabın ilerleyen sayfalarında ayrıca ele alacağım. Şimdilik şunu söylemekle yetinelim; sınırlar ve sorumluluk bilinci gelişmemiş kişiler, yaşamına, 'Başkaları ne der?' gözlüğüyle bakar ve bu gözlükle karar verir.

Birey olmanın ağır bastığı aile ortamında, 'ben merkezli', kendinden başkasını düşünmeyen, karşıdakini önemsemeyen, dinlemeyen insanlar yetişir. Bu insanlar ise karar verirken diğer insanların düşüncelerini hiç hesaba katmaz. Yani bu insanda da sınırlar ve sorumluluk bilinci gelişmemiştir.

İşyerinde ait olma ağır basıyorsa, yönetici güçsüzdür, herkesi memnun etmeye çalışır; bu olanaksız olduğu için karar veremez hale gelir ve sonunda işi batırır.

Birey olmanın ağır bastığı işyerinde yönetici diğerlerine danışma gereği duymaz, kendi bildiği biçimde karar verir ve sorgulamadan herkesin bu kararlara uymasını bekler. Yöneticinin kendinden başka kimseyi adam yerine koymadığı bu tür işyerlerinde yaratıcılık kaybolur ve bir süre sonra şirket piyasanın gerisine düşer.

Ait olmanın ağır bastığı toplumlarda iş bulmak için bir 'ilişkiye' gereksinim vardır; böyle toplumlarda, "Hamili kart yakınımdır," yazılı güçlü birinin kartı, sizin yıllarca emek vererek aldığınız diplomadan daha güçlüdür.

Birey olmanın ağır bastığı toplumlarda kişi, kendini 'desteksiz' ve 'yapayalnız' hisseder, geleceğiyle ilgili sürekli kaygı içindedir. Böyle toplumlarda aile yapısı, dostluk ilişkileri, arkadaşlıklar yüzeysel ve yapaydır.

Ait olmanın ağır bastığı toplumlarda birey devlet için vardır; devlet bireyin hak ve hukukunu gözetmez; teba zihniyetiyle milletini yönetir.

Birey olmanın ağır bastığı toplumlarda devlet güçsüzdür ve devlet, toplumun çıkarlarına duyarsızdır, onun yerine belirli bireylerin çıkarlarının hizmetindedir.

Değişik ortamlarda ve zamanlarda ait olma ve bağımsız olma farklı önemler kazanabilir. Örneğin, hasta olduğunuz, kendinizi güçsüz hissettiğiniz zamanlarda birinin size anneniz gibi bakmasını, sahip çıkmasını, sizi korumasını istersiniz. Ama bazı zamanlar vardır ki, tek başınıza olmak, kendi başınıza gezmek, görmek ve deneyimler kazanmak istersiniz. Yaşamın değişik durumlarında değişik danslar gerekir. Bunun bilincinde olmak, yaşam yönetiminin önemli bir boyutunu oluşturur.

Ailede, işyerinde, toplumda ait olma-birey olma dengesi, BİZ Bilinci'yle sağlanır. Ait olma-birey olma dengesini sağlayan BİZ Bilinci; anlamlı, sağlıklı, coşkulu bir yaşamın temelidir. Biz Bilinci'ni başka bir kitabım*da ayrıntılı olarak ele aldığım için burada yeniden ele almıyorum.

10
Varoluşun Beş Boyutu

Ben ölmedim…
Beni öldürmediler de;
Yaşıyorum, yaşıyorum işte,
At kıçında sinek gibi,
Töööbe, töbe!
Kapandı yüzümüze dergi kapakları,
Bir varmış bir yokmuş olduk sağlığımızda.
Şiir… O yosmanın boyuna.
Gazete… Gelene gidene başyazı.
Ara ki bulasın sayfalarda
Şair Rıfat Ilgaz'ı.
Düştükse itibardan
Ölmedik ya, yaşıyoruz işte,
Yaşıyoruz dedik, yaşıyoruz be,
Heeeey, fincancı katırları!

RIFAT ILGAZ(*)

İki insan birbirinin farkına varınca, iletişim başlar ve *can*, otomatik bir biçimde iletişim ortamında beş soruya yanıt arar. Bu sorular bizim insan oluşumuzdan kaynaklanan, her biri bir gereksinmeye karşılık olan sorulardır. Bir başka deyişle, *insanoğlu varoluşunu bu beş soruyla ilişkiler içinde tanımlar.*

(*) Soysal, İlhami, *20. Yüzyıl Türk Şiiri Antolojisi*, Bilgi Yayınevi, Ankara, 1994, s. 185-6.

Bu sorular bilinçli olarak değil, sezgisel olarak varlığını hissettirir; kişi bu soruların yanıtını aradığını bilinçli olarak değil, ancak sezgi yoluyla hisseder.

İletişim ortamında *can*'ın sezgisel olarak sorduğu beş soru şunlardır:

1– Kaale alınıyor muyum? Beni umursuyorlar mı?

2– Kabul ediliyor muyum? Beni olduğum gibi, yargılamadan kabul ediyorlar mı?

3– Değerli miyim? Beni vazgeçilmez ve eşsiz olarak görüyorlar mı?

4– Yeterli miyim? Beni becerikli, bir şeyler yapabilecek güçte görüp yapabileceğime güveniyorlar mı?

5– Sevilmeye layık mıyım? Beni ben olduğum için özleyip, benimle zaman geçirmek istiyorlar mı?

Her bir soru, varoluşun bir boyutunu belirtir. İletişim ortamında birey, beş varoluş boyutunda kendi varoluşunu tanımlar. Bu boyutlara, *varoluşun beş boyutu* adını veriyorum ve kısaca 5VOB olarak gösteriyorum.

Değişik ortamlarda ve zamanlarda varoluş boyutlarından bazıları daha çok önem kazanabilir. Örneğin, yeni tanıştığınız kişiler arasında 'kaale alınma, umursanma' daha baskın iken, çalıştığınız işyerinde 'güçlü ve güvenilir' olarak algılanmak daha önemli olabilir. Genel olarak yaşamda, bu boyutların hepsi bizim iç dünyamızı, kendimizi ve diğerlerini algılamamızı etkiler.

Şimdi varoluşun beş boyutunu teker teker inceleyelim.

11
Can, Kaale Alınmak, Umursanmak İster

Olmak veya olmamak!
Bütün sorun bu.

WILLIAM SHAKESPEARE

Selam vermesini beklediğiniz kişi selam vermeden yanınızdan geçtiğinde kendinizi umursanmamış hissedersiniz. Kaale alınmamak, 'adam yerine konmamak' insanı olumsuz etkiler. Örneğin, ben kuyrukta beklerken önüme geçildiğinde, kaale alınmadığım, umursanmadığım duygusunu yaşarım.

Bu satırları yazdığım günlerin birinde, bir ara Etiler'den Levent'e yürüdüm. Beşiktaş istikametinden gelip Levent istikametine dönüş yapan bir taksi kırmızı ışıkta durur gibi yaptı, ama çok yavaş da olsa ilerlemeye devam etti. Taksinin önünden yürüyerek karşıya geçmekte olan beyaz saçlı, 60 yaşlarında bir bey taksi şoförüne, "Yahu kardeşim bu ne saygısızlık; yürüdüğümü görüyorsun, hâlâ üzerime geliyorsun; beni ezmek mi istiyorsun?" diye söylendi. Yaşlı bey, taksi şoförünün kendisini umursamadığını, adam yerine koymadığını düşünmüş ve bu düşünce onu sinirlendirmişti. Taksi şoförü umursamaz bir tavır içinde yaşlı adama bakıyordu; 'kendi kendine söylenen delinin biri' der gibi baktığını yüzünden anlayabiliyordum.

Çoğu evde yer alan şu durumu düşünün: İşten eve dönen adam anahtarla kapıyı açar. İçeri girdikten sonra kapıyı kapatır ve ayakkabısını çıkartarak terliklerini giyer. Mutfaktaki eşi akşam yemeğini hazırlamaktadır. İçeri giren adam mutfaktaki sesleri duyar, mutfaktaki eş de kapının açılışını ve kapanışını duyar. Birbirlerine hiçbir şey söylemezler.

İletişim başladı mı? İki insan birbirinin farkına varınca iletişim başlayacağı için, burada da iletişim, yani mesaj alışverişi başladı.

Peki ne gibi mesajlar alındı ve verildi?

İkisinin de birbirine hiçbir şey söylememesi, 'Umurumda değilsin', 'Seninle konuşmak istemiyorum', 'Buraya geldiğim için pek mutlu değilim', 'Seninle konuşamayacak kadar yorgunum,' gibi olumsuz anlamlara gelebilir.

Birbirine böyle davranan çiftlerin ilişkileri zaman içinde heyecanını ve sağlığını kaybetmeye başlar ve böyle devam ederse, sonunda ilişki ölür.

İlişkinin, bir bitki gibi beslenmesi gerekir.

Çocuk kaale alınmak ister. "Anne benimle oynar mısın?", "Baba benimle oynar mısın?" diye sürekli peşlerindedir. Ama, anne ve baba her nedense bir türlü zaman bulamazlar. Çocuk sezgileriyle umursanmadığını, kaale alınmadığını bilir. Gazetesine yumulmuş baba, televizyonu seyreden anne, farkına varmadan çocuğa, 'Şimdi senden daha önemli bir şey var!' mesajını verir.

Eğitimci bir arkadaşım, eğitime katılan bir babanın, ellerini başına koyarak gözleri yaşlı bir şekilde, "Şimdi anlıyorum dört buçuk yaşındaki kızımın, 'Baba beni sev, yoksa uzaklara giderim,' sözüyle ne demek istediğini," dediğini paylaştı. Bu seminerde baba, "Aynı evde, insanlar birbirlerinden kilometrelerce uzakta olabiliyormuş," gerçeğini keşfetmiş.

Ve çocuk büyüyüp evi terk edince, aşağıdaki gibi şiir yazanlar çıkar. Bu şiiri bana gönderen arkadaşım, "Kim yazdı bilmiyorum, Özlen yollamış, içim cız etti," diye bir not koymuş. Daha sonra şiirin *Milliyet* gazetesinde, 27 Ocak 2002 tarihinde Melih Aşık'ın köşesinde yayınlandığını öğrendim. Yazarı Alice Chase olarak verilmiş. Türkçeye kimin aktardığı verilmemiş, ama ona da buradan teşekkür edelim, güçlü bir çeviri yapmış.

YETİŞKİN OĞLUMA

Sürekli meşguldüm o kadar sene,
Seninle doyasıya oynayamadım.
Sen beni çağırdın gel oyna diye,
Ben bir türlü zaman ayıramadım.

Giydirdim, doyurdum, seni kolladım,
Sadece bunları yeterli sandım,
Bana oyuncağını getirdiğinde,
Ben seni çoğu kez, başımdan savdım.

Yatağa yatırır seni okşardım,
Sen uyur uyumaz hemen çıkardım.
Şimdi o günleri çok özlüyorum,
Keşke bir dakika fazla kalsaydım.

Hayat ne kadar kısa, yıllar ne çabuk.
Ne zaman büyüdü bu küçük çocuk,
Ona dokunmak için uzandığımda
Ellerim boş kalır, yüreğim buruk.

Artık ne resimler, ne de oyunlar,
Ne "İyi geceler", ne sarılmalar,
Hepsi çok geride, ulaşmak zor,
Yaşanmadı sanki o güzel yıllar.

Artık hiç işim yok, yapayalnızım.
Günlerim çok uzun, üstelik bomboş
Keşke isteklerini bir bir yapsaydım
Küçük arzuların şimdi çok şirin, çok hoş.

ALICE CHASE(*)

(*) Kitabı basıldıktan sonra okuyan arkadaşım Dr. Abidin Sönmez, "Çocuğumuza!" adıyla verdiğimiz bu şiiri, "Yetişkin Oğluma" adıyla kendisinin tercüme ettiğini söyledi. (Claus Moller, *Hayat Ağacım* ["My Life Tree"], TMI-Türkiye, 1995 s. 99. ISBN 87-89937-77-5).

Çocuğun gelişmesinde en önemli faktör, küçükken ne derece umursandığı, kaale alındığıdır.

Çocuğunuzla göz göze gelebilecek şekilde, onun hizasına iniyor musunuz? İnmiyorsanız, çocuk pek kaale alınmadığını düşünür.

Onunla beraber yürürken yürüyüş hızınızı onun yürüyüş hızına göre ayarlıyor musunuz? Ayarlamıyorsanız, pek kaale alınmadığını hisseder.

Umursanmak yalnız ailede değil, iş yaşamında da önemlidir. İki işyeri düşünün: İlkinde birbirini selamlayan, birbirini 'günaydın'la karşılayan insanlar var; ikincisinde ise, asansörde birbirinin yüzüne baktığı halde hiçbir şey söylemeyen insanlar.

Trafik, birbirine, 'Sen yoksun, umurumda değilsin!' mesajını vererek araç kullanan sürücülerle dolu. Kurallara uyarak araba kullanmayı bir tür 'saflık', 'zayıflık' olarak gören bir kültür yaratmışız.

Öte yandan, 'çağdaş,' 'uygar' dediğimiz ülkelere gidenler, Oralarda araba kullanırken, diğer sürücülerin kendilerine, 'Sen varsın, seni kaale alıyorum,' mesajını verdiklerini hissederler.

Çocukluğunda, 'Sen yoksun, umursanmaya değmezsin,' mesajını ailede bolca alan çocuk, okulda, sokakta, toplumda, trafikte bu mesajları ala ala, gerçekten kendinin umursanmayacak bir kişi olduğuna inanmaya başlar. 'Umursanmaya değmezsin,' mesajıyla büyüyen böyle bir kişi, bürokraside veya meslek yaşamında mevki sahibi olunca, umursanmak için, "Sen benim kim olduğumu biliyor musun?" deme ihtiyacını duyar. Altındaki koca kamyonla, sollamanın yasak olduğu yolda araçları sollayan şoförün yüzündeki ifadeden de şu anlaşılır: "Kamyonum arabanı ezeceği için beni umursamalısın." Eline fırsat geçince umursanmamışlığın acısını çıkarmak, insanlar için doğal bir davranıştır.

Öte yandan, çocukluğunda, 'Sen varsın, sen değerlisin,' mesajını ailede, okulda, sokakta, toplumda çokça alan çocuk, kendinin değerli olduğuna inanır, özgüveni gelişir. Kendini değerli gören kişi, karşısındakini de değerli görme tavrı içinde olur. Mevki ve görevi ne olursa olsun, umursanmak için, "Sen benim kim olduğumu biliyor musun?" deme ihtiyacını duymaz.

Birbirimiz Yok Etmeyelim, Var Edelim

TEM otoyolu çıkışlarındaki bilet gişelerinde çalışanlarla kurulan ilişkiye dikkat etmişimdir: Bilet verilir, para uzatılır, fiş ve paranın üstü alındıktan sonra hiçbir şey söylenmeden gaza basılıp uzaklaşılır. Bir "Merhaba!", "İyi günler," demek ne kadar zaman alır? Ben ölçtüm: "Merhaba" demek bir saniye, "İyi günler" demek iki saniye kadar bir zaman alıyor. Sürücü, gişedeki bu insandan neden esirgiyor bir 'merhaba!'yı? Evde ve işyerinde niçin esirgiyorsa, aynı nedenden, yani umursamamaktan.

Peki, insanları umursamayan bu kişi, yaşamında gerçekten neyi umursar? Gözlemlerime göre, insanları umursamayan bu kişiler, 'güç' boyutuna çok önem veriyorlar. Karşıdakinin insanlığına ve karakterine, yani *can*'la ilgili özelliklerine hiç önem vermeyen, onu umursamayan kişiler, karşıdakinin makamına, mevkisine, sosyal statüsüne çok önem veriyorlar.

Bir sabah, 7:45 civarlarında TEM otoyolunun Silivri çıkışındaki bilet gişesinin önüne geldim. Gece yarısından beri gişede duran yorgun biri bomboş gözlerle bana baktı. İçim burkuldu. Hiç kimsenin umursamadığı bu kişi, sıradan bir makine parçası olduğuna inanmıştı sanki. Hiç konuşmadan fişlerini paralarını alıp gidenler, sürekli, 'Sen kaale alınacak, umursanacak bir insan değilsin! Sen bir makinesin!' mesajını vermişler. Üç, beş, on, elli, yüz, üç yüz, beş yüz ve binlerce etkileşim sonunda o da en nihayet bu mesaja artık inanmış. Bana bakan gözler bir insanın bakışı değildi; kendini makine sanan biri vardı orada.

Kendi insanımıza kendi insanımız neler yapıyor! Gerçekten içimdeki burukluğu, ağzımda acı bir tat gibi hissettim.

Bileti verecekken elimi geri çektim ve, "Arkadaşım, önce günaydın, nasılsın?" diye sordum. Yabancı dilde konuşuyormuşum gibi anlamamış gözlerle bana baktı. Sonra uyanır gibi hayretle bakmaya devam etti. Bir şey söylemedi. Bileti vermedim, yeniden "Nasılsın?" diye sordum. İnanmaz bir tavır içinde elimdeki bileti almak üzere elini uzattı. Bileti yeniden geri çektim ve, "Saat kaçtan beri burada çalışıyorsun?" diye sordum. Gece yarısından beri çalıştığını söyledi. "Çocuğun var mı?" diye sordum. Gözleri ışıldadı, "Var abi," dedi, "iki çocuğum var."

"Okula giden var mı?"

"Var. Biri ilkokul ikiye gidiyor. Öbürü daha küçük, üç yaşında."

"Arkadaşım sen çalışmıyorsun, ibadet yapıyorsun!" Gözümün içine baktı. Devam ettim: "Sen o çocuklarının rızkı için çalışıyorsun; uykusuz kalıyorsun, ama o çocuklara bir gelecek hazırlıyorsun. Benim sana saygım var! Onun için, önce günaydın!"

"Sağ ol abi" dedi ve bileti aldı.

Ona iyi günler dileyerek ayrıldığımda, "Allah razı olsun," diyerek beni uğurladığını işittim.

Mutluydum; bir can, başka bir cana dokunmuştu.

İki insan birbirinin farkına varınca iletişim başlar ve birbirimizi, umursayarak, kaale alarak var ederiz.

Sınırların ve Sorumlulukların Kaale Alınması

VATAN İÇİN

Neler yapmadık şu vatan için!
Kimimiz öldük;
Kimimiz nutuk söyledik.

ORHAN VELİ KANIK(*)

(*) Soysal, İlhami, *20. Yüzyıl Türk Şiiri Antolojisi*, Bilgi Yayınevi, Ankara, 1994, s. 220.

Umursanma, kaale alınma aslında iki düzeyde gerçekleşir. İlk düzey, önceki sayfalarda söz ettiğimiz gibi bireyin kendisini, özünü, *can*'ını kaale almaktır. İkinci düzey, bireyin sınırlarını ve sorumluluğunu umursamak ve kaale almaktır. Şimdi bireyin sınırlarını ve sorumluluğunu kaale almaktan söz edelim.

Ne demek bireyin sınırları?

Kişinin, kendi anlayışı içinde, 'benim bedenim, benim mekânım, benim eşyam, benim zamanım, benim bilgim, benim duygum, benim ilişkim, benim ailem, benim ülkem' dediği her şey, onun sınırları içine girer.

Anlaşılacağı gibi bu sınırlar fiziksel değil, psikolojiktir. Eğer kişi, evinin önündeki bahçeye 'benim bahçem' gözüyle bakmıyorsa, o bahçeyi kendi sınırları içinde algılamamaktadır.

Sorumluluk ne demek? *Sorumluluk, kişinin sınırları içerisinde gördüğü olaylardan ve şeylerden hesap vermeye hazır olması demektir.* Hesap vermeye hazır olmak deyince, akla iki soru gelir: "*Neyle ilgili olarak* ve *kime hesap vermek*?"

"*Neyle ilgili olarak hesap vermek?*" sorusunun yanıtı kolaydır: Sorumlu kişi, kendi sınırları içinde gördüğü şeylere ilişkin olarak ne olup bittiğinin hesabını vermeye hazır olmalıdır. "Sağlığımdan sorumluyum," demek, "Sağlık durumumla ilgili hesap vermeye hazırım," demektir. "Ailemden sorumluyum," demek, "Ailemin içinde bulunduğu durumla ilgili hesap vermeye hazırım," demektir. Çocuklarından sorumluluk alan anababa, çocuğunun yetişmesi, kişiliği, yaptıkları ve yapmadıkları ve başına gelenler hakkında hesap verebilmeye hazır olur.

Kime karşı hesap vermek sorusunun yanıtı biraz daha karmaşıktır. Kişi aslında iki otoriteye hesap vermek durumundadır. Bunlardan en önemlisi ve ilki, kişinin kendi vicdanıdır. Vicdan, içselleştirilmiş değerlerdir. Aynaya baktığınız zaman, aynada size bakan gözler vicdanın ta kendisidir. Kişinin, *kendine hesap veren bir insan* olarak yetişmesinin; kendisi, ailesi, mesleği, toplumu için yaşamsal önemi vardır.

Kişinin kendinden öte, dış otoritelere hesap vermesi, hepimizin aşina olduğu hiyerarşik yönetim içinde olur. Alt mevkideki kişi, kendi sınırları içine giren faaliyetlerden üst mevkidekine hesap verir. Bu mevkiler, ille de resmî olarak tanımlanmak zorunda değildir; resmiyet içermeyen aile gibi yapılarda da kişiler birbirlerine hesap verme ilişkileri içinde olurlar.

Kişinin sınırlarını belirlemesi ve sınırları içinde kalan şeylerden sorumluluk alması, doğuştan değildir, öğrenmeyle oluşur. Bireyin içinde yetiştiği aile, çevre, okul, toplum ve kültür, bir öğrenme ortamı oluşturur ve bu öğrenme ortamı içinde birey, sınırları ve sorumluluk bilincini öğrenir.

Çocukların Sınırlarına Saygılı Davranmak

Yirmi beş yıl yurtdışında yaşamış birinin, sınırlar ve sorumlulukla ilgili yaptığı gözlemlerle ilgilenirsiniz, değil mi? Karşılaştırma yapabilmeniz için onları aşağıda paylaşmak istiyorum.

Kaliforniya'da bir çocuk parkında üç buçuk yaşlarındaki kızının yaptığı bir şeyden çok etkilenen annenin kızını öpmek için ondan izin isteyişini hatırlıyorum. Annenin kızının önünde diz çöküşüne ve ona, "Kızım seni kucaklamak, öpmek istiyorum, izin verir misin?" diye soruşuna çok hayret etmiştim. Bireyselliğin ağır bastığı bir toplumda bu davranış doğal olabilirdi. Oysa, benim içinde yetiştiğim toplumda biz istediğimiz anda, çocuğu hiç sormadan kucaklar ve bazen çocuğun isteğinin tersine, onun karşı koymasına rağmen, onu şapır şupur öperdik.

Bunun doğal sonucu olarak bu iki kültürde yetişen kişiler, *bedenleriyle ilgili* farklı sınırlara ve sorumluluk bilincine sahip olarak yetişeceklerdir.

Yine Kaliforniya'da misafirliğe gittiğimiz bir evde, baba, odasında oynamakta olan dört yaşındaki oğlunun odasına girmek için önce, kapalı olan kapıyı vurdu, yanıt bekledi, "İçeri girebilir miyim?" sorusuna olumlu yanıt aldıktan sonra kapıyı açarak oğluyla konuşmaya başladı.

Bir bankanın şube müdürlerine verdiğim seminer sırasında, seminere katılan bir şube müdürü bey, mahcup bir edayla on gün önce oğluyla arasındaki bir etkileşimi anlattı: "İki hafta süreyle yurtdışına gitmiştim. Ben yurtdışına gitmeden önce, oğlumun bilgisayar başında çok zaman harcadığını düşünerek, salondaki bilgisayarı alınış bir dolaba koymuştuk. Bu konudaki kararı, eşimle beraber almıştık. Oğlum on altı yaşında olmasına rağmen ona söz hakkı tanımamıştık. Yurda döndüğüm gün hanım, 'Hakan (ismi uyduruyorum), bilgisayarı koyduğumuz dolaptan çıkardı ve odasına koydu!' diyerek âdeta suç duyurusunda bulundu. Çocuğun odası kapalıydı. Oğlumun içerde olduğunu bildiğim halde kapıyı vurmadan hışımla içeri daldım. Oğlanı bilgisayarın başında bulacağımı sanmıştım. Oysa o, yatağının üstüne bağdaş kurmuş ders çalışıyordu. İçeri girdim ve, 'Ne yapıyorsun?' dedim. Biraz şaşkın, beni görmekten memnun, ama pat diye odasına girmemden rahatsız toparlandı. 'Hoş geldin, baba. Ders çalışıyordum,' dedi. Sustu ve, 'Baba, odama girmeden önce lütfen kapıma vur!' dedi. Ben, yaptığım hatayı anlamıştım; ama, kuyruğu dik tutmak için, 'Aile içinde odanın kapısı kapanmaz' diyerek konuyu kapadım. Ama, şimdi bu seminerde görüyorum ki, ben yanlış yapmışım!"

Bu iki farklı kültürde yetişen kişiler, *mekânlarıyla ilgili* farklı sınırlara ve sorumluluk bilincine sahip olarak yetişeceklerdir.

Paylaşmak istediğim iki gözlem daha var: Bunlardan biri kendi başımdan geçti, diğeri de şu anda adını anımsayamadığım Mısırlı bir profesörün başından geçmiş; kültürlerarası iletişim konusunda yazıların toplandığı bir derleme kitapta okudum.

Paylaşmak istediğim ilk gözlem şu: Dört yıllık bir ayrılıktan sonra yeniden çocuklarımla birlikteydim. Ben çocuklarımdan ayrıldığımda oğlum Timur iki yaşındaydı; tekrar bir araya geldiğimizde ise altı yaşında, etrafta koşuşturan, bisiklete binen bir oğlan çocuğu olmuştu. Çocuklarımdan ayrı kalmanın suçluluğunu yoğun olarak duyuyordum. Oğlum, "Baba, bisikletim eskidi; bana yeni bir bisiklet alsana!" deyince, sevindim, eziklik ve suçluluktan bir kurtuluş olarak oğluma bisiklet almanın beni rahatlatacağını düşündüm. "Tamam oğlum, sana önümüzdeki hafta bir bisiklet alalım," dedim.

Emily ve ben ayrılmıştık. Ben hafta sonları gelip çocukları alıyor, hafta sonunu onlarla geçiriyor, pazar akşamı onları yine annelerine, Emily'e bırakıyordum.

Timur hafta içinde annesine, "Babam bu hafta sonu gelince bana bisiklet alacak," demiş. Ben çocukları almaya gidince Emily, "Timur'a bisiklet alacakmışsın, doğru mu?" diye sordu. Doğru olduğunu söyledim.

"Yarı parasını Timur versin!" dedi.

Hayretler içinde bakakaldım. "Altı yaşındaki çocuk; bisikletin yarı parasını nereden bulacak?" diye sordum.

"Haftada iki buçuk dolar harçlık sen veriyorsun, bir o kadar da ben veriyorum. Onun haftada beş dolar geliri var. Yarı parasını biriktirebilir!" dedi.

Emily'nin çocuk yetiştirme konusundaki bilincine sürekli hayran olmuşumdur; o nedenle ne demek istediğini hemen anladım ve teklifini kabul ettim.

Timur'la bahçede buluştuk; heyecanlıydı ve bana hemen, "Bisiklet almaya gidiyoruz, değil mi baba?" diye sordu.

"Evet, oğlum gidiyoruz," dedim ve ilave ettim, "Ama bisikletin yarı parasını sen vereceksin!"

Timur bana baktı ve o çocuk saflığı içinde, "Baba, sen annemle mi konuştun?" dedi. Altı yaşındaki oğlum, babasının değil, annesinin bu konulara önem verdiğinin bilincindeydi. Doğruyu söyledim: "Evet oğlum," dedim.

Bisikletçiye gittik. En fiyakalı görünen bisiklete yöneldi ve, "Baba ben bu bisikleti istiyorum!" dedi. Bisikletin fiyatı yüz seksen dolardı. "Oğlum bu bisikleti almak için on sekiz hafta, yani dört buçuk ay bekleyeceksin!" dedim. "Baba, daha kısa bekleyeceğim bir bisiklet bulalım," dedi ve aramaya devam ettik. Nihayet otuz dolarlık bir bisiklet üstüne karar kıldık ve üç hafta harçlık almaktan vazgeçtiği için bisikleti alarak eve gittik. Timur, "Bu benim bisikletim; yarı parasını ben verdim," diye arkadaşlarına gururla gösterdi ve o bisikleti çok temiz tuttu, ona gözü gibi baktı.

Bisikletin bakımı, temizliği Timur'un sınırları ve sorumluluğu içine girmişti.

Sınırlar ve sorumluluk bilinci, ait olmak ve birey olmak konusunu anlatırken belirttiğim gibi, bireyselliğin önemli olduğu bir toplum olan Amerika'da çocuk yetiştirmenin önemli bir parçasını oluşturur.

Yukarıda sözünü ettiğim Mısırlı profesörün anısına gelince:

Hatırlayabildiğim kadarıyla Mısırlı bilim adamı, kısa bir süre için gittiği Kanada'da bir havaalanında şu gözlemde bulunmuştu: "Yakınımda iki çocuklu bir anne oturuyordu. Çocuklardan büyük olanı on yaşlarında bir oğlan, küçük olanı beş yaşlarında bir kızdı. Oğlan annesine, gördüğü bir oyuncağı almak istediğini söyledi. Annesi fiyatını sordu. Oğlan fiyatını biliyordu. 'Bir dolar,' dedi. Anne, 'O oyuncağı almak istediğinden emin misin?' diye sordu. Oğlan oyuncağı istediğini söyledi. Anne, 'Senin iki doların var; istersen o oyuncağı alabilecek paran var!' diye durumu oğluna özetledi. Oğlan gitti, kendi parasıyla bir dolara oyuncağı aldı ve oynamaya başladı.

"Beş yaşındaki kız da, aynı oyuncaktan istedi ve o da annesine oyuncağı almak istediğini söyledi. Anne gülümseyerek, 'Tatlım, senin yalnız bir doların var. Bu oyuncağı alırsan başka paran kalmayacak. Biraz sonra ağabeyin dondurma almak isteyebilir. Dondurma istemediğinden emin misin? Bu oyuncağı alırsan dondurma için paran kalmayacak!' Kız oyuncakta ısrar ediyor, anne de tekrar tekrar ona durumu anlatıyordu. Belki beş kez anne, oyuncağı alırsa dondurma için parası kalmayacağını kızına hatırlattı. Dikkatimi çeken, bunu yaparken anne hiç kızgın bir tavır takınmıyor, kızına şefkat ve sevgiyle durumu açıklıyor, bir yandan da onun saçını okşuyordu. Kız çocuğu nihayet isteğine kavuştu ve gitti, bir dolarıyla oyuncağı aldı. Mutlu bir şekilde oyuncağı ile bir süre oynadı.

"Ne var ki abi bir süre sonra geri kalan parasıyla dondurma almaya karar verdi. Annesine söyledi ve gitti dondurmasını aldı. Dondurmayı ağabeyinin elinde gören kız, füze hızıyla annesine ulaştı ve dondurma almak istediğini söyledi. Anne o sevecen tavrı içinde kızına, 'Ama senin artık dondurma için paran yok,' diyerek daha önce konuştuklarını ona hatırlattı.

"Fakat kız, annenin söylediği hiçbir şeyi dinlemiyor, dondurmayı almakta ısrar ediyordu. Anne bu ısrara hiç kızmadı, şefkatle kızıyla konuşmaya devam etti, tekrar tekrar, 'Hatırlıyor musun? Sana söylemiştim, dondurma almaya paran kalmayacak demiştim ve gerçekten öyle oldu; dondurma paranı oyuncağa harcadığın için şimdi dondurma alamıyorsun,' dedi.

"Gerçekten de kız dondurma alamadı. Ağabey insafa gelip dondurmasını onunla paylaşmasaydı, kız hiç dondurma yiyemeyecekti."

Mısırlı profesör bu konu üstüne düşündüğünü söylüyor ve şöyle devam ediyor: "Benim eşim için bu anne, kötü bir annedir. Benim eşim, 'Bir dolar için çocuk o kadar yalvartılır mı? Yazık! Bir dolardan ne çıkar! Anne o bir doları verse ne olurdu sanki?' diye düşünür. Ama, Kanadalı anne, benim eşim gibi düşünmemekte."

Sevgili okurlarım, siz de gayet iyi farkındasınız ki, Mısırlı profesörün havaalanında gördüğü anne, kızına, 'ayağını, yorganına göre uzat' bilincini verme çabası içindeydi.

Yaşam bu bilinci gerektirir; bu bilince sahip olan bireyler, aileler, şirketler, milletler zamanla güçlenirler, olmayanlar ise gittikçe güçlerini kaybeder ve başkalarına el açacak hale gelirler.

Sınırlar ve sorumluluk bilinci olan kişiler, zamanlarıyla ve paralarıyla ilgili konularda planlama yaparken ayaklarını yorganlarına göre uzatırlar.

İçimizdeki Trafik Canavarı mı, Yoksa Sınırlar ve Sorumluluk Bilinci Eksikliği mi?

Sınırlar ve sorumluluk bilinci, yaşamın her alanında geçerliliği ve önemi olan bir bilinç türüdür. Kanımca Türkiye'de trafik kazalarının çokluğunun altında, sınırlar ve sorumluluk bilincinin eksikliği yatmaktadır.

Trafik, aslında araç kullanan insanların ilişkilerinden başka bir şey değildir. İnsanlar araç kullanırken ilişkilerinin ve bu ilişkilerdeki sınırlarının farkındalar mı ve bu sınırlardan sorumluluk alıyorlar mı? Temel konu bu.

Bu gözle bakıldığı zaman, 'içinizdeki trafik canavarını durdurun!' sloganının bir kara mizah ürünü olduğu düşünülebilir. Sınırlar ve sorumluluk bilincindeki aksaklıklar yalnız trafik kazalarında kendini göstermiyor, yaşamın diğer yönlerindeki kazaların altında da bu aksaklıklar yatıyor. 21 Ocak 2002 günkü *Sabah* gazetesindeki habere bir bakalım:

Çatıdan Attığı Tuğla Komalık Etti

> İzmir'in Buca ilçesinde, 3 katlı evin çatısını temizleyen F.K., aşağıya attığı tuğlayla bisikletle yoldan geçen Y.T.'nin (42) ağır yaralanmasına neden oldu. Çevredeki vatandaşlarca Atatürk Eğitim Hastanesi'ne kaldırılan Y.T.'nin bilincinin kapalı olduğu ve hayati tehlikesinin bulunduğu belirtildi. Genç kadın polis tarafından gözaltına alındı.

Davranışından sorumluluk almak, birdenbire öğrenilecek bir şey değildir. Sınırlar ve sorumluluk bilincini çocuk, çok küçük yaşta, daha hamuru yoğrulurken öğrenir.

Gazete haberinde sözü edilen F.K., küçük yaşta davranışlarının sonuçlarından sorumlu olmayı öğreten bir ortamda büyüseydi, tuğlayı aşağıya atmadan önce, 'sorumluluk bilinci' içinde aşağıya bakar ve kimse olup olmadığını kontrol ederdi.

Sınırlar ve sorumluluk bilincini öğrenirken çocuk ya *kendi içinde özüne* veya *kendi dışında bir otoriteye* hesap veren biri olarak yetişir. 'Başkaları ne der?' ortamında yetişen çocuğun kendine hesap veren biri olarak yetişmesi olanaksızdır.

12
Can, Kabul Edilmek İster

Bir gece habersiz bize gel
Merdivenler gıcırdamasın,
Öyle yorgunum ki hiç sorma
Sen halimden anlarsın.

CAHİT KÜLEBİ(*)

Yeniden hatırlayalım: İki insan birbirinin farkına vardığı zaman iletişim başlar ve insanlar birbirlerine varoluşun beş boyutunda mesaj verirler. Varoluş boyutlarından ilki kaale alınmak, umursanmaktır, dedik. Kaale alınmak iki düzeyde olur: Bir, kişinin özü, kendisi kaale alınır veya alınmaz; selam vermek veya vermemek durumunda olduğu gibi. İki, kişinin sınırları ve sorumlulukları hesaba alınır veya alınmaz.

Varoluş boyutlarından ikincisi, yargılanmadan, olduğu gibi *kabul edilmek*'tir. Ailesinde, olduğu gibi kabul edilerek, yargılanmadan büyütülen çocuk, kendini doğal bulur ve kabul eder.

Anababa eve geldiği zaman çocuğuna, "Ah benim güzelim; kız senin ne güzel gülüşün var. Gel babana/annene bir öpücük ver, seni özledim," diyorsa çocuk o evde kabul görüyordur.

Anababa eve geldiği zaman çocuğuna, "Ne biçim giyinmişsin öyle? Sen hiç saçını taramaz mısın be evladım! Yürürken önüne

(*) Soysal, İlhami, *20. Yüzyıl Türk Şiiri Antolojisi*, Bilgi Yayınevi, Ankara, 1994, s. 291.

bak; ağzını açıp salak salak etrafa bakma!" diyorsa çocuk o evde kabul görmüyor, sürekli yargılanıyordur.

İletişimin olduğu her yerde, kabul edilme boyutu işin içine girer. Bir gün kulak misafiri oldum; bir adam diğerine, "Ne biçim tıraş bu yahu?" dedi. Öbürü biraz mahcup, 'Neresi bozuk?' diyen bir yüz ifadesiyle bakıyordu.

"Ne biçim tıraş bu yahu?" ifadesi, pek çok anlam taşıyor. Bunlar:

1- Sen varsın; seni kaale alıyorum,
2- Ama senin tıraşında bir bozukluk var,
3- O tıraşı yapan berberde bir bozukluk var,
4- O berbere giden sende bir bozukluk var.

Mahcup bir tavırla bakan adam, bütün bu anlamları süreçlemiş olacak ki, "Ne bileyim ben; senin söylediğin berbere gittim!" diye yanıt verdi. Bu, zekice bir savunma taktiği idi. Karşıdaki, 'Eğer bende bir bozukluk varsa, o berbere beni gönderen sende de bir bozukluk var!' mesajını tam zamanında vermişti.

Her zaman sözle değil, yüz ifademiz ve bedenimizle de karşımızdakini yargıladığımızı belirtebilir, 'Sende bir bozukluk var,' mesajını verebiliriz. Sakıp Sabancı *İşte Hayatım*(*) kitabının 228. sayfasında şöyle bir anısını aktarıyor.

> "27 Mayıs 1960'tan sonra, Şinasi Orel, bir süre Milli Eğitim Bakanlığı yaptı. Biz o yıllarda vakfımızı kurmuş, öncelikle öğrenci yurdu yapmak üzere yola çıkmıştık. Adana'da yapacağımız öğrenci yurtlarını Milli Eğitim Bakanlığına anlatmak için kendisinden randevu talep ettim. Güçlükle randevu aldım. Şinasi Orel'in odasına girdiğimde masasında oturuyor, önündeki kâğıtları inceliyordu. Yüzüme bakmadan, bana otur demeden, ayakta sordu: "Nedir sizin bu yurt işiyle ilginiz? Ne menfaatınız var yurt yapmakla?" O anda başımdan

(*) Sabancı, Sakıp, *İşte Hayatım* (Yayınevi ve ISBN belirtilmemiş), 1985.

aşağı soğuk sular boşandı. Kekeleyip, bir şeyler söyledim, dışarı çıktım. Ama bu olay bizim gayretlerimizi frenlemedi. Daha sonraki yıllarda Milli Eğitim Bakanı koltuğunda oturanlardan ve diğer bakanlardan, vakıf çalışmalarında büyük ilgi, büyük manevi destek gördük."

Binlerce insanı yöneten, başarılı girişimleriyle başında bulunduğu kuruluşu büyüten, ünü sadece Türkiye'de değil, iş hayatıyla ilgili dünyanın her yerindeki kimselerce bilinen bu kişi, "O anda başımdan aşağı soğuk sular boşandı. Kekeleyip, bir şeyler söyledim, dışarı çıktım," diyor. İnsan ilişkilerinde varoluşun beş boyutunun önemini yansıtması bakımından hatırlanacak bir tablo.

Karı Koca İlişkisinde Kabul ve Takdir

Ailede, karı koca ilişkisinde kabul etme, doğallık boyutu nasıl yer alıyor? Acaba bilincinde miyiz? Hanımının emek vererek pişirdiği yemeği, "Eline sağlık; lezzetli olmuş," demeden yiyen koca bir yana, bir de, "Ne biçim yemek bu yahu; hiç tuz koymaz mısın sen yemeğe," gibi laflar edenlere ne demeli?

Şimdi, sanki kulağımla duyabiliyorum bazı erkek okurlarımın, "Hocam sen hep kadınların tarafından mısın? Eğer yemeğin tuzu eksikse ve tatsız tuzsuz olmuşsa, söylemeyelim mi? Lezzetsiz yemeğe lezzetli diyerek yalan söylemek daha mı doğru?" dediklerini.

Benim yanıtım şu: Kişi, bilincinde önce şu iki şeyi birbirinden ayırt etmesini öğrenmeli: Bir, orada işin içinde bir eş var; onun verdiği emek var, zaman var. İki, orada pişirilerek ortaya çıkarılan bir ürün, yani yemek var. Yemeği tuzsuz bulabilirsiniz ve tuzsuz bulduğunuzu söyleyebilirsiniz, ama, eşinizin verdiği emeği, gayreti, zamanı, iyi niyeti ve sevgiyi tanımayı ve takdir etmeyi niçin ihmal ediyorsunuz?

İş Yaşamında Kabul ve Takdir

Bu söylediklerim aile hayatı için ne kadar geçerliyse, iş yaşamı için de o denli geçerlidir. Yöneticinin yüz ifadesi, yani asık suratlı veya güler yüzlü olması, işyeri kültürünün önemli bir parçasıdır. İşyerinde çalışanların verdiği emek, zaman, gösterdiği gayret, iyi niyet tanınıp takdir ediliyor mu? Yoksa sadece yemeğin tuzunun konu edildiği gibi bir durum mu var ortada?

Kabul gören insan, enerjisini ve zamanını üretici ve yaratıcı olmaya harcar. Kabul görmeyen, yani yargılanan insan ise, zaman ve enerjisini, kendini sosyal yüzler, maskeler arkasında saklamaya harcar. Üretici ve yaratıcı olmaya enerjisi kalmaz.

Yaşamda Kabul ve Takdir

Anababasından kabul gören çocuk coşkuludur, mutludur, sağlıklı olarak gelişir. Öğretmeninden kabul gören öğrenci okulu özler, derslerini severek, isteyerek çalışır, ödevlerini yapar ve sürekli yeni bilgiler edinmek ister. Yöneticisinden kabul gören işçi şevkle işine sarılır.

Kabul görme ve takdir, insanın şevkini artırır. Eğer zengin, parasıyla vakıf kurup topluma bir hizmet yapıyorsa, o toplumun bunu takdir etmesini ve teşvik etmesini beklemek hakkıdır. Topluma hizmet etmeye çalışanları takdir etmeyen, teşvik etmeyen toplumlarda, hizmet etmeye çalışanlar zamanla hayır işlerinden kopar, uzaklaşır. Hayır girişimlerini onaylayıp alkışlayarak teşvik etmek, sağlıklı toplumun yapacağı bir davranıştır.

13
Can, Değerli, Vazgeçilmez Olmak İster

Ben giderim adım kalır
Dostlar beni hatırlasın
Düğün olur bayram gelir
Dostlar beni hatırlasın.

ÂŞIK VEYSEL(*)

İletişim başlar başlamaz otomatik bir biçimde, sezgisel olarak sorulan bir üçüncü soru da, 'Ben değerli miyim?'dir. Bu soru, varoluşun beş boyutunun üçüncüsünü temsil eder.

Bir insan ne zaman kendini değerli hisseder?

Kendini, kendinden daha büyük bir bütünün vazgeçilmez bir parçası olarak gördüğü zaman. İnsan kendini, *vazgeçilemez, yeri doldurulamaz, emsalsiz, tek* gördüğü an değerli hisseder.

Çocuğa Değer Vermek

Bazı ailelerde bir gelenek vardır; ailedeki herkes masaya oturmadan yemeğe başlanmaz. Şöyle bir durum düşünün: Küçük Nevzat'ın dedesi, babaannesi, amcası, halası o gün yemeğe gelmiş ve sofraya oturmuş olsunlar. Dört yaşındaki Nevzat ise tu-

(*) Soysal, İlhami, *20. Yüzyıl Türk Şiiri Antolojisi*, Bilgi Yayınevi, Ankara, 1994, s. 60.

valette, zamanı unutmuş, kendi kendine bir melodi mırıldanarak yavaş yavaş elini yıkıyor, daha doğrusu su ve sabunla oynuyor olsun. Ama, herkes sofraya oturmuş, yemek hazır, bir tek Nevzat yok. Nevzat bekleniyor; o gelmeden yemeğe başlanmıyor.

Anne banyonun kapısını tıklatarak çocuğunu çağırıyor, herkesin masada kendisini beklediğini, elini çabucak yıkayıp masaya gelmesini söylüyor.

Küçük Nevzat çabucak elini yıkayıp banyodan dışarıya çıktığı zaman bir bakıyor ki herkes masada oturmuş, onu bekliyor; o gelmeden yemeğe başlayamıyorlar.

Ne dersiniz, bu çocuk kendini ailenin vazgeçilemez, yeri doldurulamaz, emsalsiz bir üyesi olarak görür mü?

Tabii ki görür! O masada yerini almadan aile tamamlanamadı. Ve tüm aile o olmadan yemeğe başlayamadı. Nevzat şöyle düşünmez mi: "Ben olmadan aile tümlüğünü bulamaz; benim yerim doldurulamaz."

'Ben değerliyim!' duygusu, küçükken ailede verilir. Küçükken hamuru bu duyguyla yoğrulan kişi, ileride kolay kolay aşağılık duygusuna kapılmaz; çünkü mayası sağlamdır. Bu nedenle çocuk büyütürken anne ve babaların çocuklarına, 'Sen değerlisin,' mesajını vermeye dikkat etmeleri, buna özen göstermeleri gerekir.

Eşlerin Birbirine Değer Vermesi

Anababanın çocuklarına, 'Sen değerlisin,' mesajını verebilmeleri için, karı kocanın birbirlerine 'sen değerlisin' mesajını vermeleri gerekir.

Niçin?

Çünkü karı koca birbirlerine, 'Sen değerlisin,' mesajı vermiyorlarsa, çocuk kendisinin ait olduğunu hissedeceği bir aile algılayamaz. Hatırlayın, çocuk kendini kendinden daha büyük bir bütünün vazgeçilmez parçası olarak gördüğü zaman değerli hisseder, demiştik. Çocuğun kendinden daha büyük bütün, ailedir. Aile de birbirine değer veren, anne, baba ve çocuklardan oluşur.

Peki, karı koca birbirlerine, 'Sen değerlisin,' mesajını nasıl verebilir?

'Sen benim yaşamımda teksin, emsalsizsin, yerin doldurulamaz; yaşamımın vazgeçilmez parçasısın!' anlamına gelen davranışlarda bulunarak.

Kişi, bu anlama gelen davranışları nasıl yapar?

Eşi gelmeden yemeğe başlamaz.

Eşine açıkça, onun kendi yaşamındakini yerini söyler: "Allah senin yokluğunu göstermesin; sensiz bir dünya benim için çok anlamsız olur," der. Tabii, bunu gerçekten böyle hissediyorsa, söylemeli. Aksi halde, tam tersi bir etki yapar.

Eşine sormadan aile yaşamını ilgilendiren önemli kararlar almaz.

Onunla sürekli düşüncelerini, duygularını, hayallerini, isteklerini, kısacası yaşamını paylaşır.

Karı Koca Arasındaki İlişkinin Sağlığı, Ailenin Sağlığının Temelidir

Bazı okurlarım şimdi şöyle söylüyor olabilir: "Ben eşime böyle şeyler söylüyor, böyle davranıyorum, ama o kendini değerli hissetmiyor; ha yapmışım, ha yapmamışım, hiç fark etmiyor, çünkü umursamıyor!"

O zaman ilişkinizin temelinde bir aksaklık var demektir.

Ne demek ilişkinin temelinde bir aksaklık olması?

Bir örnekle anlatayım. Şöyle bir durum olduğunu varsayalım: Dul kalan yaşlı bir adam, kasabanın en güzel genç kızına göz koydu ve aracılar koyarak kızın anne ve babasını ve ailede amca, dayı gibi diğer güçlü kişileri kendi tarafına çekti. Bu yaşlı kişinin parası ve mevkisinden dolayı anne, baba ve kız üstünde söz sahibi diğer kişiler yaşlı adama, 'Hayır!' diyecek gücü kendilerinde bulamadılar veya, 'Kızımız zengin birinin yanında rahat eder,' diye düşünerek iyi bir iş yaptıklarını sandılar.

Genç kızın gönlünde başka bir delikanlı varken, onun isteksiz olmasına hiç aldırmadan kızı zorla, ağlata ağlata bu yaşlı adama verdiler.

Şimdi yaşlı adam, genç kıza diyor ki, "Sen benim yaşamımda teksin, emsalsizsin, yerin doldurulamaz; yaşamımın vazgeçilmez parçasısın!"

Genç kız içinden, 'Geber inşallah!' diye geçiriyor.

Bu durumda değerli olma üstüne benim daha önce söylediklerim geçersiz mi?

Evet, geçersiz!

Niçin?

Çünkü bu yaşlı adam ile genç kızın ilişkisinin temelinde, çok büyük bir haksızlık, varoluşun beş boyutunun ihlali var. Bu evlilik, genç kızın iç dünyasını, *can*'ını hesaba almamış, bir anlamda *can*'a, 'Sen yoksun!' mesajını vermiş. 'Sen yoksun!' mesajını verdiğiniz bir insana daha sonra, 'Sen değerlisin!' mesajını verirseniz, mesajınız inandırıcı olmaz; kendi çıkarınız için o insanı kullandığınız anlamı daha baskın olarak ortaya çıkar.

Bu yaşlı adam ile genç kızın evliliğinde, yaşlı adam genç karısını, gücüyle, mevkiyle, parasıyla satın almış ve onu parayla satılan bir kadın durumuna düşürmüştür. Kadın zihinsel olmasa bile, sezgisel olarak bunu bilmektedir.

Bu çiftin çocuklarının, sağlıklı bir aile içinde büyümeleri ve kendilerini 'değerli' hissetmeleri olanağı yoktur.

Karı koca arasındaki ilişkinin sağlığı, ailenin sağlığının temelidir.

Öğretmen Öğrenci İlişkisi

Öğretmen öğrenci ilişkisinde, öğrenci kendini nasıl değerli hisseder?

Bu konuya bir örnekle açıklık getirelim. Varsayalım ki, ilkokul üçüncü sınıf öğrencisi olan Adil, kabakulak olduğu için okula gidemedi. Öğretmen sınıfa girince boş sırayı gördü ve diğer öğrencilerden Adil'in kabakulak olduğunu öğrendi. İlk ders arasında öğretmen Adil'in evini aradı ve annesiyle konuştu, çocuğun sağlık durumuna ilişkin daha fazla bilgi aldı. Adil'in yattığı odada telefon olduğunu ve onun telefonda konuşabileceğini öğrenen öğretmen, öğrencisine, "Adil, yavrum, geçmiş olsun. Şimdiden seni özledik. Kendine iyi bak, çabucak iyileş ve bize katıl. Seni bekliyoruz," dedi.

Adil sınıfta kendini değerli hissedecektir. Öğretmen bu telefon konuşmasıyla ona, 'Sen teksin, senin yerin doldurulamaz,' mesajını vermiştir.

Başka bir öğretmenin, aynı durumdaki bir öğrencinin yokluğunun farkına varmadığını düşünelim. Öğrenci iyileştikten sonra okula geri geldiğinde, "Nereden bileyim senin hasta olduğunu; doktorundan rapor getir, annen baban da hasta olduğuna dair mektup yazsınlar," diyebilir. Öğretmen böyle bir tavır içinde olduğu zaman öğrenci kendisini değerli hissedemez; aksine, 'Sen güvenilmez birisin,' mesajını alır.

Öğretmenin de kendini değerli hissetmeye gereksinimi var; çocuğun velisinin öğretmenle sürekli ilişki içinde olması, öğretmenin gayretini takdir etmesi ve öğretmene destek olması, öğretmenin kendini değerli hissetmesine yol açar.

İnsanların birbirlerini değerli hissettirmeleri iki yönlü bir yoldur.

İş Yaşamında Değerli Hissetmek

Çalışma yaşamında da kişilerin kendilerini değerli hissetmeleri çok önemlidir. İşyeri kültürünün dokusu insan değeri üstüne kurulmuşsa, işyeri ortamına giren herkes farkında olmadan kendini değerli hissetmeye başlayacaktır. Böyle bir kurumda kişilerin birbirleriyle konuşmalarındaki tarz, birbirlerine bakışları, dokunuşları, selamlaşmaları, 'Sen benim için değerlisin,' mesajını verecektir.

Ben, oldukça üst düzey yöneticilerle çalıştım. Bu yöneticilerden biri, genel müdürlük yaptığı bankaya sabahleyin geldiği zaman güvenlik görevlisi dahil herkese selam verir, daha sonra asansöre binerdi. Öğle yemeğini herkesin yemek yediği yemekhanede yer ve çalışanların arasına karışır, onların masalarına otururdu. Çalışanlar onun gözünün içine bakar, onu memnun etmeye çok özen gösterirlerdi. Ve bu genel müdür, memnun edilmesi kolay olmayan bir genel müdürdü. Onunla çalışanlar kaliteye çok önem vermek zorundaydılar. Ama, onunla çalışmaktan mutluydular ve onunla çalışmanın bir ayrıcalık olduğunu düşünürlerdi. Çünkü bu genel müdür çalışanlara gerçekten değer verirdi ve onlar kendilerini ister istemez 'değerli' hissederlerdi.

Tanıdığım aynı düzeydeki başka bir yönetici, genel müdürlük binasına sabah geldiği zaman ancak genel müdür yardımcısı düzeyinde insanlar varsa onları selamlar, diğerlerinin yüzüne bile bakmazdı. Öğle yemeğini genel müdürlük katında misafirleri veya genel müdür yardımcısı arkadaşlarıyla birlikte yerdi. Hiçbir zaman yemekhaneye inmez ve çalışanla sohbet etme gereksinimi duymazdı.

Çalışanlar, ona sevgi ve saygı duyguları beslemez, ondan sadece korkarlardı. İşlerini severek yapmazlar, kaliteyi önemsemezlerdi; mutlu değillerdi. Bu genel müdürün işyerine bakış tarzı içinde çalışanların kendilerini değerli hissetmeleri olanağı pek yoktu.

İşyerinde kendini değerli hissetmeyen insanın çalışma şevki yoktur ve işindeki verimi düşüktür.

Kendini Değerli Hisseden Vatandaş

Devlet vatandaş ilişkisinde de aynı şeyler söz konusudur. Yurtdışında bir sorunla karşılaştığımda benim sorunumla ilgilenen konsolosluk bana, 'Sen benim vatandaşım olarak değerlisin,' mesajını verir. İlgilenmediği zaman ise, 'değersizsin' mesajını.

Yurtiçindeki kamu kuruluşlarının üst makamlarındaki kişiler, 'Benim yönettiğim ofiste vatandaşa süratle ve adil bir şekilde hizmet ediliyor mu?' konusuna ilgi duyuyorsa, o ofiste vatandaş kendini değerli hisseder. Örneğin bir kaymakam, beklenmedik zamanlarda hizmetlerin nasıl yapıldığıyla ilgili teftişler yaparsa, hizmetlerin daha iyi yapılması için kamu görevlilerine eğitim olanakları yaratırsa, onun yönetimi altında çalışanlar da, hizmet alanlar da kendilerini değerli hissederler.

Devlet dairelerinde yer alan yüzlerce, binlerce etkileşimin sonunda vatandaş, devletinin kendine değer verip vermediğini öğrenir.

Devlet, vatandaşa değer vermekle yükümlüdür. Çünkü devletin varoluşunun nedeni vatandaşa hizmet etmektir.

Vatandaş da devlete değer vermekle yükümlüdür. Askerlik görevini yapmaya şevkle, isteyerek mi gidiyor, yoksa gitmemenin bütün kanuni yollarını arayıp tükettikten sonra, mecburen mi gidiyor?

Vergisini, vermesi gereken miktarda, zamanında ve isteyerek mi veriyor, yoksa vermemenin bütün kanuni yollarını arayıp tükettikten sonra, mecburen mi veriyor?

Kamu mallarını koruyor mu, yoksa talan mı ediyor?

Kamu iktisadi kuruluşlarında çalışanlar, kuruluşun kârlı olması için canla başla mı çalışıyorlar, yoksa işyerini sorumsuzca kaytarma ortamı olarak mı görüyorlar?

Bu soruların yanıtları, vatandaşların devlete ne kadar değer verdiği konusunda bize bilgi verir.

Evet, yeniden söyleyelim; insanların birbirlerini değerli hissettirmeleri iki yönlü bir yoldur.

14
Can, Yeterli Olmak İster

Anne, tabakları ben taşıyabilir miyim?

ÇOCUKLARIMIZ

Değerli okurum, şimdiye kadar okuduklarınızdan ve kendi yaptığınız gözlemlerden, varoluşun beş boyutunun insan ilişkilerinde ne kadar önemli olduğunu daha iyi kavramışsınızdır.

Konuyu tartışmaya devam ediyoruz; şimdi ele alacağımız boyut, 'yeterlilik', yani 'güçlü ve güvenilir olmak' boyutudur. Bu boyut neyi ifade ediyor, önce o konuyu açıklığa kavuşturalım.

Yeterlilik boyutunun anlamı şudur: Her insan kendisini güçlü ve güvenilir görmek ister. İnsanların bu gereksinimi doğuştandır. Bu gereksinim, çocuğun içinde yetiştiği ortamda değişik derecelerde karşılanır veya karşılanmaz.

Çocuk Yardım Etmek İster

Örneğin, Nemika dört yaşındadır; yemekten sonra, "Anne, tabakları ben götüreyim mi?" diye sormaktadır.

Şimdi duralım ve düşünelim. Nemika, kendisinden istenmediği halde, niçin annesine yardım etmek istemektedir?

Aslında her organizma gibi insanlar da en az gayretle en çoğu elde etmek ister. Bilim buna, 'en az gayret ilkesi' adını veriyor. Hayvanlar amaçlarına ulaşmak için en az gayret isteyen yolu seçer. Onun için köylüler merkeplere 'yol mühendisi' der. İki köy arasındaki en az gayret isteyen yolu merkep bulur.

Bu ilke, aslında canlılar dışında, su ve elektrik için de geçerlidir; onlar da en az dirençle karşılaşacakları yolu seçer.

Madem ki olabildiğince az gayret sarf etmek istiyoruz, o halde, Nemika, kendisinden istenmediği halde, neden annesine yardım etmek istemektedir?

Söz konusu olan, aslında, "Organizma ne zaman gayret sarf eder?" genel sorusunun özel bir halidir.

Evet, organizma ne zaman gayret sarf eder?

Bir gereksinmesini karşılamak için.

Nemika'nın karşılamak istediği gereksinim nedir?

Kendini yeterli, güçlü ve güvenilir görme gereksinimi.

Nemika, kendini güçlü ve güvenilir görmek üzere programlanmıştır. Bu gereksinim, tüm insanlarda olduğu gibi, onda da doğuştan vardır. Nemika, kendinin yeterli ve güvenilir olduğuna inanmak için, anne ve baba gibi kendi yaşamında önemli insanlardan, 'Senin yapabileceğine güveniyoruz, inanıyoruz,' mesajını almak istemektedir. O nedenle Nemika, "Anne, tabakları ben götüreyim mi?" diye sormaktadır.

Şimdi bilinci gelişmiş ve bilinci gelişmemiş iki annenin Nemika'yla etkileşimini ve bu etkileşimlerin sonuçlarını irdeleyelim.

Bilinci Gelişmiş Anne

Bilinci gelişmiş anne, kızının hangi gereksinmeyi karşılamak için bu soruyu sorduğunu hemen anlar ve ona yardımcı olmaya niyetlenir. Bilinçli anne, çocuk yetiştirmenin önemini bilir ve ortamı onun gelişmesine uygun biçimde organize etmeye özen gösterir. Çocuğun ortamına uygun tabak ve bardak seçme de bu bilincin bir parçasıdır.

Bu anne için önemli olan, çocuğun kendine güven duyarak yetişmesidir. Dolayısıyla anne, Nemika'nın sorusunu, "Evet yavrum, tabakları taşımamda bana yardım edebilirsin; teşekkür ederim," diye yanıtlar.

Çocuk büyük bir coşkuyla tabakları taşır; ne kadar heyecanlı ve şevkli olduğunu onun gözlerinden anlayabilirsiniz.

Şimdi şüpheci ve hep başkalarını denetlemeye yönelik kişiliği olan birinin aklına hemen şunlar gelebilir: "Yazması kolay. Ya çocuk tabakları, bardakları taşırken düşürür kırarsa? Zaten bu ekonomik zorlukta millet zar zor geçinirken bir de yeni tabak bardak alma masrafıyla karşılaşmak hiç de hoş değil. Bu yazar hayal dünyasında; bol keseden atıyor!"

Bu konuya döneceğim, ama önce, bilinci gelişmiş annenin çocuk tabakları düşürdüğü zaman ne yaptığına bir bakalım. Farz edelim ki, Nemika tabakları masadan mutfağa taşırken düşürdü ve tabaklardan biri kırıldı.

Annenin, "Zararı yok evladım; kırılan tabak olsun! Sana bir şey olmadı ya; önemli olan sana bir şey olmaması," demesi doğru değil. Tabak kırılmıştır ve bu önemli bir olaydır; bu olayla gerçekçi bir şekilde ilgilenilmelidir.

Peki ne yapmak gerekir?

Ben Nemika'nın annesi olsaydım, şimdiki bilincim içinde şöyle yapardım. Kızımın önüne diz çöker, onun göz hizasına indikten sonra, bir süre ona anlayan bir tavırla bakar ve son derece saygıdeğer bir arkadaşımla konuşurcasına, "Tabak düştü, kırıldı. Şimdi kendini nasıl hissediyorsun?" diye sorardım.

Büyük olasılıkla Nemika, oldukça yoğun bir suçluluk duygusu içinde olacak ve kendisiyle ilgili, "Ben salağım, beceriksizin tekiyim, değil mi, anne?" gibi kötü şeyler söyleyecektir.

"Anlıyorum, yavrum. Ben de tabak düşürdüğüm zaman aynen senin gibi hissetmiştim."

"Sen de tabak düşürdün mü?"

"Evet, küçükken, hatta büyükken bile, ben de ara sıra elimden tabak, bardak düşürdüm."

"Peki, annen sana ne söyledi? Seni dövdü mü?"

"Hayır yavrum, annem beni dövmedi. Annem benimle konuştu!"

"Ne dedi?"

" 'Her olayda öğrenilecek bir şey vardır; akıllı insan kendini suçlamak yerine, bu olaydan ne öğrenebilirim diye düşünür,' dedi. Şimdi burada senin de öğrenebileceğin bir şey var. Nemika, bu tabak elinden neden düştü?"

"Elim ıslaktı; tabak elimden kaydı."

"Peki, bir daha ıslak elle tabak taşımaya çalışacak mısın, yoksa ellerini önce kurulayıp, ondan sonra mı tabakları taşıyacaksın?"

"Ellerimi kuruladıktan sonra tabak taşıyacağım."

"Aferin Nemika, bak bu olaydan bir şey öğrendin; sen akıllı bir kızsın!"

"Gerçekten akıllı mıyım, anne?"

"Evet kızım, çok akıllı bir kızsın! Yapılan hatalardan öğrenmek çok önemlidir yavrum. Ben annemden öğrendim, şimdi sen benden öğrendin; ilerde kendi çocuklarına bunu öğret. Şimdi ellerini kurula ve tabakları taşımaya devam et."

Böyle bir etkileşim, çok güçlü bir gelişim deneyimi oluşturur. Çocuk, varoluşun beş boyutunu güçlü olarak yaşar ve gelişir.

Bilinci Gelişmemiş Anne

Şimdi bilinci gelişmemiş annenin davranışlarına bir göz atalım: Nemika, "Anne, tabakları ben götüreyim mi?" diye sorduğunda anne, bilinci gelişmemiş olduğu için çocuğun gelişiminden daha çok tabağın kırılmaması üstüne odaklaşacak ve, "Elleme, kırarsın; sen daha küçüksün!" diyecektir.

Çocuk doğuştan getirdiği 'güven duyma' gereksiniminin etkisinde, büyük olasılıkla, "Kırmam anne, tabakları ben taşıyayım," diye ısrar edecektir. Çocuğun ısrarlı tavrına karşı anne de tavrında ısrarlı olacak, "Hayır, elleme tabakları, sana kırarsın dedim," diyecektir. Çocuk bir kere daha ısrar edince, "Sana tabaklara dokunma diyorum. Tabakları kırarsın, ben de senin kafanı kırarım. Uzak dur, dokunma!" diye onu tehdit edecektir.

Böyle bir etkileşim bir gelişim deneyimi oluşturmaz; aksine çocuğun kendine güveninin zedelenmesine yol açar.

Şimdi gelelim şüpheci ve denetleyici kişiliğe sahip kişinin aklına gelen soruya: "Yazması kolay. Ya çocuk tabakları, bardakları taşırken düşürür kırarsa? Zaten bu ekonomik zorlukta millet zar zor geçinirken bir de yeni tabak bardak alma masrafıyla karşılaşmak hiç de hoş değil. Bu yazar hayal dünyasında; bol keseden atıyor!"

Bilinci gelişmiş olsun ya da olmasın, her anne ve baba, çocuklarının başarılı olmasını ister. O nedenle çocuklarını, gönderebilecekleri en iyi okula göndermek isterler; bu amaçla yeterli parasal gücü olanlar, önemli miktarlarda para harcamayı da göze alırlar.

Nemika'nın kıracağı tabağın masrafını düşünen anne, Nemika okul çağına gelince onu en iyi okula verme çabası içine girer ve aile bütçesine ağır gelecek okul aidatlarını ödemeyi göze alır.

Bu anneye sorun: "Niçin bu kadar para harcamayı göze alarak çocuğunuzu bu okula gönderiyorsunuz?"

Büyük ihtimalle yanıtı şöyle bir şey olacaktır: "Kızımın başarılı olmasını istiyorum; başarının temeli iyi bir eğitimdir. Bu, iyi bir okul; bu okulda iyi bir eğitim alacağına inanıyorum."

Bu anne, başarının temelinde kişinin özgüveninin yattığını bilmemektedir. Özgüven ile başarı arasındaki ilişkiyi gelin biraz yakından inceleyelim.

Özgüven Başarının Temelidir

Daniel Goleman, Türkçeye *Duygusal Zekâ* ve *İş Başında Duygusal Zekâ* isimleriyle çevrilen iki kitabında(*) iş yaşamında başarı

(*) Goleman, Daniel, *Duygusal Zekâ,* Varlık Yayınları, İstanbul, 1998. Goleman, Daniel, *İşbaşında Duygusal Zekâ,* Varlık Yayınları, İstanbul, 2000.

üstüne yapılan araştırmaları inceleyip şu gerçeği ortaya koyar. Başarının temelinde, yüzde doksanın üstünde duygusal zekâ bulunmaktadır. Duygusal zekânın temelinde ise özgüven, yani kişinin kendi başına bir şeyi yapabileceğine olan güveni yatar. Bilgiyi temel alan akademik veya zihinsel zekâ adı verilen faktörün başarıya katkısı ise sadece yüzde dört-beş dolaylarında olmaktadır.

Özgüveni yüksek kişi, bilgi eksikliğini araştırarak kapamakta veya bu bilgilere sahip birini çalıştırmaya başlamaktadır.

Evet değerli okurum; anne, tabak kırılmasın diye çocuğun yaşamında başarının en büyük kaynağı olacak *özgüveni* heba eder, onun gelişmesine izin vermez, ama başarıda oranı çok küçük olan *bilgi* için her yıl binlerce tabak parasını okula seve seve öder.

Çocuklar, kendine olan güvenlerini geliştirmek için sık sık, "Baba, çantanı ben taşıyayım mı?", "Anne bulaşıkları sen yıka ben durulayayım, olur mu?" gibi önerilerde bulunurlar.

Lütfen çocuklarımızın özgüveninin gelişmesine olanaklar yaratalım. Onları öyle yetiştirelim ki, kendi ayakları üstünde durarak yaşamla mücadelelerini güçlü bir şekilde yapmaya hazır olsunlar.

Çocuğun özgüvenini zedeleyici olarak gördüğüm bir başka konuyu burada ele almadan edemeyeceğim. Konuya, bana verilen bir mektupla girmek istiyorum.

Ankara'da öğretmenler için bir konuşma yapacaktım, salona girip yerime oturduğum zaman, on-on bir yaşlarında bir kız çocuğu, bana, kendi eliyle yazdığı bir mektubu verdi. Mektup şöyleydi:

> Sevgili Doğan Cüceloğlu,
>
> Öncelikle merhaba, çok büyük olmayaraktan size çok teşekkür ediyorum. Size teşekkür etme ihtiyacını şu televizyonda yaptığınız programdan dolayı duyuyorum.

Verdiğiniz örnekler, özellikle, üç köfte örneği için ayrıca teşekkür ediyorum. Çünkü o örneği dinledikten sonra babam bana karşı bu konuda daha anlayışlı davranıyor.

Doğan Amca ben 11 yaşındayım. Adım Sümeyye. Bunu okuduğunuz için teşekkürler.

Sizi çok seviyorum

28.10.2001

NOT: Size dürüst davranıp yaşımı doğru söyledim.

Çocuğun ne kadar yiyeceğine kendisinin karar vermesi, küçük ve önemsiz bir konu gibi gözüküyor, ama çocuğun özgüveninin gelişmesinde yeri çok önemlidir. Ve maalesef üniversite mezunu olan anne ve babalar bile bu konuda duyarsız davranıyorlar.

Aşağıda, dokuz yaşında bir kız çocuğunun annesiyle olan konuşmasını anne ve babaların duyarsızlığına örnek olarak vermek istiyorum.

Anneye Yasemin, dokuz yaşındaki kızına Umut adını verelim. Dokuz yaşındaki kızı Umut'la sağlıklı bir ilişki içinde olan Yasemin, onunla her konuda konuşmakta ve kızının sınırlarına ve sorumluluğuna saygı duymaktadır. Umut da gözlemlerini, düşüncelerini ve duygularını açıklıkla annesiyle paylaşmaktadır.

Yazdığı bir mektupta Yasemin, Umut'la arasında geçen telefon konuşmasını benimle paylaştı. Umut, anneannesiyle yazlıkta. Her gün telefonda, o gün olup bitenleri annesiyle paylaşıyor. Mektup şöyle:

Doğan'cığım,

Biraz önce Umut aradı. Öyle şekerdi ki, seninle sıcağı sıcağına paylaşmak istedim. Annemin yan komşusunda, komşunun gelini ve torunu misafir. Umut bebeklere çok meraklı olduğu için sık sık onlara gidiyor ve çocukla oynuyor. Çocuk iki yaş civarında.

Biraz önce kızgın bir şekilde aradı. Sebep şu: Çocuğun annesi sabah kahvaltısında çocuğa yemeğini yedirmiş. Yumurtasından ve reçelinden bir lokma kalmış. Bunu da yemesi için ısrar edince çocuk ağlamaya başlamış ve Umut'un deyimiyle, 'çırpınmaya başlamış.'

Annesi bunun üzerine bebeğin kulağını çekip, poposuna vurmuş ve yemeği ağzına tıkmış. Umut'a da, "Hadi, sen de evine git bakiyim," demiş.

Diyor ki, "Anne çocuk zaten şişman. (Gerçekten de öyle!) Onun ne hakkı var bu şekilde ağzına tıkmaya ve vurmaya. Çocuk doymuş işte, anlamıyor. İçimden, bütün bunları söylemek ve, 'Çok komik görünüyorsun, böyle çocuğun ağzına tıkmaya çalıştığın için,' demek geldi ama sustum. Çünkü, bu lafları ben söylesem, 'Sen küçücük çocuksun, bana akıl mı vereceksin!' diyecek. İyisi mi hiç söylemedim. Sen olsan söylerdin, o zaman bir şey diyemezdi. Ama anne çok sinir oldum. Sence bunları yapmaya hakkı var m? Anneannem, 'O, onun annesi, istediği gibi davranır, biz karışamayız,' dedi. Gerçekten de karışamaz mıyız anne? Sen olsan, 'Öyle yapma çocuğa,' derdin, değil mi?"

Ben de, "Umut'cuğum, kızmanı anlıyorum; çok haklısın, aynen senin gibi düşünüyorum. Tabii ki hakkı yok. Ancak, çocuğuna zararı sence bilerek mi veriyor? Eğitimi olmadığı için veriyor. Yani, niyeti çocuğuna kötülük yapmak mı; iyilik yapmak mı? Bunu bir düşün. Onun da kendine göre iyilik yapmaya çalıştığını düşünürsen belki kızgınlığın geçer. Ayrıca, karışmamakla akıllı davranmışsın. Herkesi eğitemeyiz değil mi?" gibi şeyler söyledim.

O son sürat anlatmaya devam etti. Ama yazmakla olmuyor, dinlemeni isterdim.

Dokuz yaşındaki Umut, çocuk doğurup anne olmuş yetişkin kadından daha bilinçli. Benim ülkemin trajedilerinden biridir bu.

* * *

Çocuk doyduğu halde, "Hayır doymadın; önüne koyduğumu bitireceksin," diye ısrar edildiğinde, çocuğa şu mesajlar verilmektedir:

1. Sen ne zaman doyup, ne zaman doymadığını bilemezsin.
2. İçinden gelen doyma duygusuna inanma, benim dediğimi yap.

Çocuk, bu tür deneyimleri biriktire biriktire bir sonuca ulaşır. Çocuğun ulaştığı sonuç şudur: *Kendi hayatımı nasıl yaşayacağım konusunda yetersizim, kendime değil, otorite olarak gördüğüm bir büyüğüme güvenmeliyim.*

Bu kitabı yazdığım şu günlerde, kırk üç yıllık bir meslek yaşamının kazandırdığı bilinçle, bir çocuğa yapılabilecek en büyük kötülüğün bu olduğu kanısını taşıyorum. Çocuklarımıza yazık ediyoruz.

Bu kitabı okuduktan sonra, lütfen çocuklarla ilgili davranışlarınızı gözden geçirin. Çocuklarımızı kendilerine güvenen insanlar olarak yetiştirelim. Onlar bunu hak ediyor.

Takdir Eden Öğretmen

Çocukta, 'Ben yapabilirim, ben kendime güveniyorum,' duygusunun gelişmesinde, anababadan sonra en kuvvetli etkiyi öğretmenler yapar. Öğretmenin, öğrencinin kendi ödevini kendisinin yapmasında ısrar etmesi ve yapılan çalışmayı değerlendirirken önce olumlu yönleri ortaya koyup çocuğu takdir etmesi, çocuğun kendine güven kazanmasını sağlayacaktır.

Öğretmen takdir ederek eğitmeli. Varsayalım çocuk bir soru sordu ve yine varsayalım ki, sorduğu bu soru o sırada konuşulan konuyla pek ilgili değildi. Bilinci gelişmemiş sıradan öğretmen, "Bu sorunun sırası mı şimdi? Ne demek istiyorsun sen?" gibi bir tavır içinde olduğunda, çocuğun özgüveni sarsılır ve çocuk soru sormaktan kaçınmaya başlar.

Öğrencinin sorduğu soru ne olursa olsun, öğretmen önce

çocuğun soru sorma girişimini, cesaretini, konuya olan ilgisini takdir etmeli ve diğer öğrencileri de soru sormaya özendirmelidir. Daha sonra, "Söylediklerini biraz daha açarak söyle; belki o zaman daha iyi anlayabilirim; bir örnek verebilir misin?" gibi çocuğun düşüncesine ulaşmaya çalışmalıdır. Çocuk, "Öğretmenim benim düşüncemi anlamaya önem veriyor; benim kafamın ürettiği düşüncelerin dikkate alınmaya değer düşünceler olacağına güveniyor," duygusunu yaşamalıdır. Eğer sınıf çok kalabalıksa ve herkes için bu olanağı bulmak mümkün değilse, soru soran bir kişiye bu olanak verilir ve diğerlerine zaman kıtlığı anlatılır. Verilecek mesaj şu olmalıdır: "Sizin düşünceleriniz de bu öğrencininki kadar değerli. Size güvenmediğim, önemsemediğim için değil, zaman yetmediği için hepinizin sorusuyla bugün ilgilenemiyorum. Başka günler de sizinkiyle ilgileneceğim."

Öğretmen, tek bir öğrencinin sorusuyla ilgilenmek durumunda bile kalsa, sorunun hakkını vererek ilgilenmelidir.

Güçlü görülme ve güvenilme boyutu iş yaşamında da önemlidir; 'Ben yapabilirim, benim yapabileceğime güvenilir,' duygusu, çalışanın da başta gelen gereksinimlerinden biridir. Öğretmen öğrenci ilişkisinde takdir ve teşvik ne kadar önemliyse, iş yaşamında da bir o kadar önemlidir. Yöneticinin bir işi astına delege etmesi, 'Ben sana güveniyorum,' mesajını verir.

Devlet vatandaş ilişkisinde de varoluşun bu boyutu geçerlidir. Yeni yasalar yapılırken sivil ve mesleki kuruluşların fikirlerine başvurulması, yasa taslağının kamuoyuna sunularak geniş bir tartışma ortamının yaratılması, vatandaşa, 'Vatandaşım, senin katkıda bulunabileceğine güveniyorum,' mesajını verecektir.

Başbakanlık düzeyinden muhtarlık düzeyine kadar, her kamu yönetim biriminde, vatandaşların kamu hizmetiyle ilgili görüşlerini bildireceği, öneri ve şikâyetlerini yapabileceği bir merci yaratılması, vatandaşa, 'Sen varsın ve senin düşüncelerine değer veriyorum, algılamalarına güveniyorum!' mesajını verecektir.

Bunların olmadığı kamu hizmetlerinde ise vatandaşa verilen mesaj, 'Sen umurumda değilsin ve senin düşüncelerine değer vermiyorum, algılamalarına güvenmiyorum!' biçimindedir.

Varoluşun beş boyutu yaşamımızın her yönünde, her ilişkide yer alır. Varoluşun beş boyutunu sezgisel olarak hissederiz; o, zihinsel bir irdelemeyle vardığımız bir farkındalık olarak değil, yaşadığımız bir gerçek olarak kendini belirtir.

Şimdiye kadar varoluşun beş boyutunun ilk dördünü ele aldık, şimdi sıra beşinci varoluş boyutunu ele almaya geldi: 'Ben sevilmeye layık mıyım?' sorusuyla kendini ifade eden 'sevgi' boyutu.

15
Can, Sevilmek ve Özlenmek İster

İnsan dediğin bir buğday tarlası gibi olmalı
Esti mi rüzgâr bir değil milyonlar için esmeli
Bir tek meyve veren dalı kesmeli
İnsan dediğin derya misali
Üstünde milyonlarca dalga
İçinde kıyametler kopmalı
İnsan dediğin derya misali
Uçsuz bucaksız olmalı.
Gel çıkalım sevgilim gel
Gel kurtulalım birler hanesinden
Çekelim gidelim bir uçtan uca
Açalım yüreğimizin kapılarını sonuna kadar
Sevelim sevelim sevelim
Sevebileceğimiz kadar.

BEDRİ RAHMİ EYÜBOĞLU(*)

Tekrar hatırlayalım; iki insan birbirinin farkına varınca iletişim başlar ve insanlar, sezgisel olarak iletişim ortamındaki ilişkileriyle ilgili beş soru sorarlar: 1- Umursanıyor muyum? 2- Kabul ediliyor muyum? 3- Değerli miyim? 4- Yeterli miyim? Gücümün olduğuna ve işi yapabileceğime güvenilir mi? 5- Sevilmeye layık mıyım?

(*) Soysal, İlhami, *20. Yüzyıl Türk Şiiri Antolojisi*, Bilgi Yayınevi, Ankara, 1994, s. 194.

Şimdi sevilme boyutunu ele alalım. Sevilmek, çocuğun gelişimi için gıda gibi gereklidir. Sevildiğini bilen çocuk, iyi bakılan bir çiçek gibi gelişir. Sevilmeyen çocuk, susuz bırakılan bir çiçek gibi solar.

Çocuk sevildiğini nasıl anlar? Çocuğun baktığı iki somut şey vardır: Bir, annem babam beni özlüyor mu? İki, annem babam benimle zaman geçirmek istiyor mu?

Akşam işten eve dönüldüğünde genellikle çocuklar anneleriyle ve babalarıyla konuşmak, oynamak, yani ilgi görmek isterler. Çocuğun ilgi beklediği o anda, genellikle anne ve baba iş gününün sonunda en yorgun anlarını yaşamaktadır. Ayrıca bu yorgunluğa, yemek hazırlama telaşı da eklenmiştir. Anababanın, çocukla karşılaşıldığı o anla ilgili, bilincini duyarlı hale getirmesi, çocuğun sağlıklı gelişimi bakımından önem taşır.

Şimdi çocuğunu karşılayan iki babayı karşılaştıralım: Birinin bilinci ve duyarlılığı gelişmiş, diğerininki gelişmemiş olsun.

Bilinci Gelişmiş Baba

Bilinci gelişmiş baba eve geldiğinde çocuğunun kendini bekliyor olacağını bilir, kendini ona göre hazırlar. Çocuğu karşısında gördüğü andaki ortama, farkında ve duyarlı bir bilinç getirmeye özen gösterir.

Bu duyarlı bilinç ona der ki, *İşte şimdi yuvandasın. Bütün çalışmalarının, çabalarının amacı, aileni sağlıklı biçimde geleceğe taşımaktır. Şimdi seni karşılayan evladın bütün gün seni bekliyordu; varoluşun beş boyutunu onun şimdi seninle yaşaması, çocuğun gelişimi için hava gibi, su gibi önemlidir. Haydi bakalım, kolları sıva ve coşkuyla yaşamı kucakla!*

İş yaşamında ne yaşamış olursa olsun, evine girdiğinde, bu bilinçteki babanın yüzünde kocaman bir gülücük vardır, kollarını iki yana açar ve, "Amanın amanın kim varmış orada? Babasını karşılayan bu yakışıklı delikanlı kimmiş? Gel seni bir kucaklayayım! Ne kadar özledim oğlumu!" diyerek onu kucaklar.

Ve baba oğul karşılaştıklarında, en azından 15 dakika birbirlerine zaman ayırırlar. Baba, haftanın herhangi bir günü, büyük olasılıkla hafta sonu, oğluyla iki-üç saat baş başa zaman geçirmeye özen gösterir. Bu ilişki içinde çocuk, 'Babam beni seviyor!' bilinci içinde, gelişimine sağlıklı bir şekilde devam eder.

Tabii, baba için söylediklerim anne için de geçerlidir.

Bilinci Gelişmemiş Baba

Bilinci gelişmemiş baba eve geldiğinde çocuğunun kendini bekliyor olacağının farkında değildir; günlük iş yaşamının getirdiği yorgunluk, kaygı, stres onun bilincinin tümünü kaplamıştır. Eve dinlenmek için gelmektedir ve çocuğunu gördüğü an, 'Öff, şimdi bir de bu var başımda,' diye düşünür ve mümkün olduğu kadar onu görmemeye, duymamaya kendini hazırlar.

Bu bilinçteki babanın yüzü asıktır, 'Ben yorgunum, beni yalnız bırak,' ifadesiyle çocuğuna bakar. Çocuk konuştuğu zaman duymazlığa gelir veya, 'Hı, hı,' gibi kestirme, anlamsız yanıtlar verir.

Çocuğa özel zaman ayırmaz, bilakis ondan uzak durmaya özen gösterir, çünkü çocukla beraber olduğu zamanları angarya olarak görür, yorulacağını düşünür. Bu ilişki içinde bu babanın çocuğu, 'Babam beni sevmiyor!' yargısına varır ve onun gelişmesi sağlıklı olmaz.

Oğlum, Bugün Doya Doya Oynadın mı?

İletişim seminerime katılmış bir baba, daha sonra başka bir seminerimde karşılaştığımızda benimle şu gözlemini paylaştı:

"Doğan Hocam, ben Kayseri'de çalışıyorum. Sizin iki yıl önceki ilk seminerinizden çok etkilenmiş olarak Kayseri'ye döndüm ve oğlumla ilişkime, sizin seminerinizde kazandığım yeni bir bilinçle baktım. Oğlumla ilişkimde çok şeyler değiştirdim. Önceleri eve gelince ilkokul birdeki oğluma sorduğum ilk soru,

"Ödevlerini yaptın mı?" şeklindeydi. Eve gelince şimdi ilk sorduğum soru, "Oğlum, bugün doya doya oynadın mı?" oluyor. Eğer, "Daha oynamadım baba," yanıtını alırsam, ikimiz dışarı çıkıyor ve oynuyoruz, tabii oğlumun arkadaşları da bize katılıyor. Hocam, çocuğumla ilişkim yüzde yüz iyileşti ve çocuk şevkle derslerine çalışmaya başladı ve notları yükseldi."

Babasının, "Oğlum, bugün doya doya oynadın mı?" diye sorusuyla karşılaşan çocuk, varoluşun beş boyutunu güçlü bir biçimde yaşar ve özellikle bir çocuk olarak sevildiğini anlar. Bu örnekte baba, çocuğuna verebileceği en güzel hediyeyi, bir soru biçiminde paketleyerek veriyor.

Bir Öğrencimin Bana Öğrettikleri

Sizlerle beni derinden etkilemiş olan bir anımı daha paylaşmak istiyorum. Kaliforniya'da Long Beach şehrindeki Eyalet Üniversitesi'nde (California State University, Long Beach) öğretim üyesi olarak ders verirken, aynı sömestrde benim iki dersimi alan bir kız öğrencim dikkatimi çekmeye başlamıştı. Bu genç bayanın şu özelliklerinin farkına varmıştım: Her şeyden önce çok güzel bir kızdı; gözüm gayri ihtiyari ona gidiyordu. İkinci olarak çok iyi bir öğrenciydi; bütün sınav ve ödevlerde en yüksek notu o alıyordu. Ayrıca, çok hanımefendi, çok nezih bir kişiliği vardı.

Bölümün bir pikniğinde kız öğrencimin nişanlısıyla tanıştım ve itiraf edeyim, ilk aklımdan geçen, 'Armudun iyisini ayılar yer,' düşüncesi oldu. Yukarıda özelliklerini saydığım o güzel kızın benimle tanıştırdığı erkek, yirmi yedi-yirmi sekiz yaşlarında, saçı biraz dökülmüş, şişman denecek kadar toplu, çirkin, kısa boylu biriydi.

Bu 'ayı'ya parası için yüz vermiş olabileceğini düşündüm. Daha sonra öğrendim ki, bu genç adamın parasal gücü yok; başka bir üniversitenin psikolojik danışmanlık bölümünde doktora öğrencisi olarak okula devam ediyor ve ilerde akademisyen olarak kariyer yapıp profesör olmak istiyor.

Acaba benim güzel öğrencim bu adamda ne bulmuştu? Bir hafta sonra ders çıkışı koridorda öğrencimin yanına yaklaştım ve Sally adıyla anacağım öğrencimle aramızda şöyle bir konuşma geçti:

"Sally, nişanlınla nasıl tanıştığınızı merak ediyorum?"

"Bir kilise faaliyetinde aynı komitede çalıştık; o zaman tanıdım kendisini."

"Nesi seni etkiledi; hangi özelliklerini sevdin?"

Sally, bir Amerikalı olarak bu soruyu hiç beklemiyordu. Amerikan kültüründe, bu tür sorular kişinin mahremiyetine tecavüz olarak kabul edildiğinden pek sorulmaz. Amerikan kültürüne göre ben o anda Sally'nin mahremiyetine 'burnumu sokuyordum'.

Şaşkınlığı geçince çok içten, gözlerinin içi gülerek, "O şahane bir insan; o benim kahramanım! Ben ondan çok şeyler öğrendim," dedi.

O anda ilk hissettiğim bir kıskançlık duygusu oldu. Güzel bir kadının erkeğine, 'Sen benim kahramanımsın!' duygusu içinde bakmasının erkeğe verilmiş ne büyük bir hediye olduğunu hissettim ve anladım. Bu hediyeyi, hayatım boyunca hiç almadığımı biliyordum ve o 'ayı'yı kıskandım.

"Nasıl yani?" dedim.

"Frank bir yetimhanede büyümüş. Yetim olmanın ne demek olduğunu bildiği için, üniversite öğrencisi olunca, yetimhaneden iki çocuğa ağabeylik yapma kararı almış. Haftada on saatini onlara ayırıyor; onlarla buluşup oynuyor, kitap okuyor, onları müzeye götürüyor. Onların iyi gelişmesi için elinden geleni yapıyor. Biri, ameliyat oldu, hastanede yatıyor ve Frank şimdi akşamları hastanede kalıyor, geceleri ona bakıyor."

Yüzüme tokat yemiş gibi oldum. Utandım. Kendime kızdım. Ben güya en yüksek eğitim düzeyine gelmiş biriydim ve karşımdakini hâlâ dış görünüşüne göre yargılıyor ve onu 'ayı' olarak görüyordum.

İçimdeki pislikten utandım.

Bir süre sonra Sally'nin içinde yetiştiği aile ortamını merak etmeye başladım. Şöyle bir mantık yürüttüm: o adama baktığım zaman ben neden, 'Armudun iyisini ayılar yer,' diye düşündüm? Çünkü ben, içinde yetiştiğim ortamda sık sık bu benzetmeyi duyarak büyümüştüm. İçinde yetiştiğim ortam beni nasıl etkilemişse, Sally'nin içinde yetiştiği ortam da onu öyle etkilemiş olmalıydı.

Birkaç hafta sonra Sally'ye, ailesinin nerede oturduğunu sordum. Los Angeles'ın üç yüz elli kilometre kadar kuzeyindeki bir kasabada oturuyorlarmış. Onun ailesiyle tanışmak istediğimi, bunun mümkün olup olamayacağını sordum. "Kendilerine bir sorayım, eminim sizinle tanışmak isteyeceklerdir," dedi ve iki gün sonra, "Ailemle konuştum; sizinle tanışmaktan mutlu olacaklarını söylediler," dedi. Dört-beş hafta sonra San Francisco'ya gidecektim, Sally'nin ailesinin yaşadığı kasaba yolumun üstündeydi, onlara uğrayabilir, onlarla tanıştıktan sonra yoluma devam edebilirdim.

Bu planımı Sally'ye söylediğimde Sally, "O gün ben de aileme gidecektim; isterseniz beraber gidebiliriz," dedi ve ailesine haber verdi. Onlar da sabah kahvaltısına gelmemizi söylemişler. Long Beach'ten sabahın altısında yola çıktık ve dokuz buçuk civarında Sally'nin ağabeyi Brian'ın evine vardık. Sally'nin babası George orada buluşmamızı uygun görmüş. Çok güler yüzlü bir aileydi. Brian'ın, en ufağı dört yaş civarında dört çocuğu vardı.

Ziyaret ettiğim bu güler yüzlü sıcak ailede, iki olay gerçekten dikkatimi çekti. Bunlardan ilki, Sally'nin babası George'un torunlarıyla konuşurken onların göz hizalarına inmesiydi. Bunu o kadar doğal yapıyordu ki, artık farkına varılmadan yapılan bir davranış olduğu belliydi.

Sally'ye, babasının torunlarıyla hep böyle mi konuştuğunu sordum. "Evet," yanıtını alınca, kendisi çocukken de babasının, onunla göz hizasına inerek mi konuştuğunu sordum. "Evet, biz böyle biliyoruz. Ağabeyim Brian da çocuklarıyla böyle konuşur;

ben de kendi çocuklarımla böyle konuşacağım. Biz böyle biliyoruz!" dedi. Tüylerim diken diken oldu.

Ben üniversite öğretim üyesiydim ve insan psikolojisi benim uzmanlık alanımdı ama üç çocuğumdan hiçbiriyle göz hizasına inerek konuştuğumu hatırlamıyordum. Kendime kızdım; sonra kendime kızmaktan vazgeçtim, beni yetiştirenlere kızdım. Daha sonra onlara kızmaktan da vazgeçtim, onları yetiştirenlere kızdım. Sonra onlara kızmaktan da vazgeçtim ve bütün nesilleri yetiştiren kültür ortamına kızdım. Daha sonra kimseye kızamayacağımı anlayarak, oradaki öğrenme fırsatından yararlanmaya karar verdim.

Torunlarının önünde diz çökerek konuşan dede George'a, "Beyefendi, çocukların göz hizasına inerek konuşuyorsunuz!" dedim. Bana biraz şaşkınlıkla gülümseyerek, "Tabii, onlar küçük insanlar!" yanıtını verdi. Öyle bir bakışı vardı ki, bu bakış sanki, 'Bu o kadar doğal bir şey ki, herhalde bunu herkes yapıyordur; sen yapmıyor musun?' diyordu.

O bakışa karşı bütün yaptığım, mahcup bir gülümseme oldu.

Bu güler yüzlü sıcak ailede dikkatimi çeken ikinci olay, Sally'nin ağabeyi Brian'ın davranışı oldu. Bu olaydan *İçimizdeki Biz* kitabımda vizyon konusuna ilişkin olarak kısaca söz etmiştim, ama burada varoluş boyutuyla ilgili olarak tekrar söz etme gereğini duyuyorum.

Brian, Pasifik ülkeleriyle ticaret yapan, oldukça varlıklı biriydi. Evlerinin büyüklüğünden, yüzme havuzundan, çiftliklerinden, arabalarının türünden ailenin zenginliği belli oluyordu.

Kahvaltıdan sonra saat on bir dolaylarında telefon çaldı ve Brian bir süre telefonla konuştu. Ofisten arıyorlarmış, Koreli bir işadamı Los Angeles'ta imiş, kendisiyle görüşmek için helikopterle saat 14'te gelmek istiyormuş. Başka bir randevusu olduğunu söyleyerek bu teklifi reddetmiş olan Brian, bize durumu şöyle açıkladı: "Dört çocuğum var ve her hafta biriyle dört saat baş başa geçiririm. Bugün dört yaşındaki kızım Mary'yle randevum var. Çocuklar çok çabuk büyüyorlar, eğer dikkat etmezsen, bir bakıyorsun, büyümüşler ve onlarla beraber zaman geçirme olanağı kaybolmuş."

Brian'ın yaşam vizyonunu sormadım, ama davranışından nelere öncelik verdiği belli oluyordu. Brian için çocukları şüphesiz en az işi kadar önemliydi.

Brian'ın bilinci, daha önce Alice Chase'in "Çocuğumuza!" adlı, sayfa 91'de verdiğim şiirde belirtilen bilinçten ne kadar farklı. O şiirde bir pişmanlık duygusu, bir 'keşke!' var. Ama, Brian'ın yaşamında bu tür bir keşke olmayacak.

Sally'e sordum: "Baban seninle böyle randevulaşır mıydı?"

"Evet," dedi, "yalnız benimle değil, her çocuğuyla sırasıyla baş başa zaman geçirirdi." Ve ilave etti, "Biz böyle gördük, böyle biliyoruz. Benim çocuğumun da babası böyle yapacak!"

Gülümseyerek, "Nereden biliyorsun?" diye sordum.

"Biz Frank'le konuştuk," diye yanıtladı.

Yine içim cız etti. Daha doğmadan çocuğun gelişme ortamıyla ilgili bir bilinç oluşmuştu.

Kendi çocuklarıma içim yandı. Evlenmeden önceki bilincimi, kafamın karmaşıklığını, evlendiğim kıza ettiğim eziyetleri ve ondan da acısı, kendi yavrularıma çektirdiğim acıları düşündüm. Biraz daha düşününce kendimin de acı çektiğini anladım ve bu sefer kendi çocukluğuma içim yandı. Daha sonra babamın, anamın çocukluğuna içim yandı. Ve son durak olarak ülkemin tüm çocuklarına içim yandı.

Yine kimseye kızamayacağımı anlayınca, 'bundan sonra ne yapabilirim?'le ilgili düşünmeye karar verdim. İşte değerli okurum; yazdığım kitaplar, verdiğim seminerler, hazırladığım televizyon programları, 'Ne yapabilirim?' sorusuna verdiğim yanıtların öğeleridir.

Sally'nin içinde yetiştiği ortamı görüp anladıktan sonra onun davranışlarına daha iyi anlam verebildim. Sally, içinde yetiştiği ailede, varoluşun beş boyutunu da doya doya yaşayabilmişti.

Çocuğun hizasına inerek onunla göz göze konuştuğunuz zaman çocuk, 'Sen varsın, sen doğalsın, sen değerlisin, sen güçlüsün ve sen sevilmeye layıksın,' mesajını alır ve çocuğun *can*'ı beslenir.

Çocuğuyla randevusuna sadık kalan baba, 'Seninle zaman geçirmek istiyorum, seni özledim,' mesajını güçlü olarak verir. Çocuk bu mesajı zihinsel olarak değil, sezgisel olarak alır ve aldığı bu sezgisel mesajlar sayesinde çocuğun hamuru, 'Ben sevilmeye layık biriyim!' diye yoğrulur.

Bir anababanın çocuklarına verebileceği en büyük miras, varoluşun beş boyutunda beslenmiş ve buna inanmış güçlü bir can'dır.

Sevgi, Yaşamın Her Alanında Önemli

Sevilmeye layık olma boyutu, anababa çocuk ilişkisinde ne kadar önemliyse, karı koca ilişkilerinde de o denli önemlidir. Eşe verilen bir çiçek, özlemini ifade eden bir kart, mektup, baş başa kalmak için düzenlenen bir yemek, ufak bir tatil, onun farkında olmadan söylediği bir sözden ne istediğini anlayarak ona göre davranma ve verilen ufak bir hediye ona, 'Seni seviyorum,' mesajını verir.

Öğretmen sınıfa güleryüzle girerek, "Günaydın çocuklar; bugün pazartesi. Ben pazartesileri çok seviyorum, çünkü sizden ayrı kaldıktan sonra sizleri çok özlüyorum ve ilk bugün görüyorum. Nasılsınız?" derse, sınıftaki *canlar* ne kadar çok beslenirler.

Eğitimin amacı, bilgi vermekten de önce *canların gelişimi* olmalı. Varoluşun beş boyutunda beslenmiş canlar anlamlı, sağlıklı, coşkulu bir gelecek yaratırlar. Varoluşun beş boyutunda canları en çok besleyenler, anababalardan sonra öğretmenlerdir.

İşyerinde sevgiyi, 'adam yerine koymak,' olarak isimlendirebiliriz. Yönetici çalışanı adam yerine koyduğu zaman, çalışan da yöneticiyi adam yerine koyar. Birbirini adam yerine koyanların işyerinde *canlar güçlüdür.* Canların güçlü olduğu ortamda ise yaratıcılık, açık iletişim, şevk ve işbirliği vardır.

* * *

Üst yönetimin değil, daha ziyade mavi yakalılar dediğimiz düzeyde çalışanların katıldığı bir seminerimde sordum: "Bu işyerinde sizi adam yerine koyuyorlar mı?" Herkes, saygı duydukları, adını Recep olarak hatırladığım vardiya başına baktı. O, "Koyuyorlar hocam, memnunuz!" dedi. Devam etti, "Ama, bu holdingin bütün şirketlerinde böyle değil! Ben 12 yıl aynı holdingin başka bir fabrikasında çalıştım. Fabrika müdürü her sabah gelirken ve her akşam giderken kapıdaki köpeği okşar, onunla konuşurdu. Çalıştığım on iki yıl boyunca, ben fabrika müdürüne belki elli defa selam verdim, Allah sizi inandırsın, bir selamımı dahi almadı. O fabrikada köpek kadar değerim yoktu," dedi.

Ne yazık işçilere verdiğim seminerlerimde en sık duyduğum şikâyet, 'adam yerine konmamak'tı.

Devlet vatandaş ilişkisinde de, 'adam yerine konup konmama,' tartışılabilir, gözlenebilir. Adam yerine konan vatandaş devletin kendisini sevdiğini hisseder; konmayan ise tam tersini.

Varoluşun beş boyutu, en çok dinleme davranışında kendini belli eder. Onun için şimdi dinleme konusunu ele alalım.

16

Karşımızdakini Dinleyerek Var Ederiz

İstanbul'u dinliyorum, gözlerim kapalı;
Önce hafiften bir rüzgar esiyor;
Yavaş yavaş sallanıyor
Yapraklar, ağaçlarda;
Uzaklarda, çok uzaklarda,
Sucuların hiç durmayan çıngırakları;
İstanbul'u dinliyorum gözlerim kapalı.

ORHAN VELİ KANIK(*)

İletişim Semineri'nde dinleme konusunu şöyle işlerim:

Önce, seminere katılanları A ve B olarak eşleştirerek ikişer kişilik gruplar oluştururum. Örneğin seminere otuz kişi katılıyorsa, on beş çift oluşur.

Şöyle bir yönergeyle yapacağımız uygulamayı anlatırım: "Şimdi dinleme konusunda bir uygulama yapacaksınız. Sizleri eşleştirdim; eşin birine 'A', diğerine de 'B' diyelim.

"Bu uygulamanın süresi çok kısa; doksan saniye sürecek. A'lar doksan saniye boyunca konuşacaklar. Herhangi bir konuda konuşabilirsiniz; gittiğiniz futbol maçı, okuduğunuz bir kitap, müşterinizle olan bir etkileşim, aklınıza ne geliyorsa o konuda konuşabilirsiniz.

(*) Soysal, İlhami, *20. Yüzyıl Türk Şiiri Antolojisi,* Bilgi Yayınevi, Ankara, 1994, s. 219.

"B'ler dinleyecekler; ama, her otuz saniyede de üç farklı biçimde dinleyecekler. Her otuz saniyenin dolduğunu, ben, ellerimi çırparak ve, 'Tamam,' diye bağırarak bildireceğim.

"İlk otuz saniye içinde, varoluşun beş boyutunu yaşatarak dinleyecekler. Yani, bu aşamada B, yüz ifadesiyle, beden duruşuyla, her şeyiyle, *sen varsın, doğalsın, değerlisin, güçlü ve güvenilirsin* ve *sevilmeye layıksın* bilinci içinde A'yı dinleyecek. Dinleyen güler yüzlü olacak, karşısındakinin gözlerinin içine bakacak, ara sıra, onu takdir eden sözler söyleyecek.

"Ellerimi çırparak, 'Tamam,' diye bağırdıktan sonra, ikinci otuz saniye içinde, *sen varsın ama sende bir bozukluk var* bilinci içinde olacak, konuşana aşağılayarak bakacak, onun söylediklerini tasvip etmediğini belirten ifadeler kullanacak ve ara sıra konuşma tarzını veya söylediği şeyleri eleştirecek.

"Son defa ellerimi çırparak, 'Tamam,' diye bağırdıktan sonra üçüncü otuz saniye içinde dinleyen, *sen yoksun, umurumda değilsin* bilinci içinde olacak. Bu aşamada A konuşurken, B dinlemeyecek, başka bir şeyle ilgilenecek, konuşanın yüzüne bile bakmayacak.

"Hem konuşan hem dinleyen, gözlemleyen bilincini lütfen uyanık tutsun ve her bir farklı dinleme durumunda neler hissettiğine dikkat etsin," derim.

Daha sonra A'lar ve B'ler rolleri değiştirerek bu uygulamayı tekrar ederler. Yani bu defa B'ler konuşur ve A'lar yukarıda tanımlandığı biçimde üç farklı şekilde dinler.

Uygulama bittikten sonra, "Nelerin farkına vardınız?" diye sorarım ve katılımcılar dikkat ettikleri, farkına vardıkları şeyleri paylaşırlar.

İlk otuz saniye içinde, varoluşun beş boyutunu yaşatarak dinlendiğinde, konuşanlar kendilerini değerli hissetmişler, anlattıkları konuyu önemli görmüşler ve daha da yaratıcı biçimde, zevkle konuyu geliştirmeye başlamışlardır.

İkinci otuz saniye içinde, *sen varsın ama sende bir bozukluk var* tarzı içinde dinlenince, neyi anlatacaklarını unuttuklarını, kendilerini savunmaya önem verdiklerini, konuşmaktan zevk almadıklarını, gerginleştiklerini söylemişlerdir.

En kötü deneyim, üçüncü aşamada yaşanmıştır. Konuşanlar, *umurumda değilsin, sen yoksun* tavrı içinde dinlenince, daha doğrusu yok sayılıp dinlenmeyince, kendilerini bir hiç gibi hissettiklerini, 'Duvara konuşsam daha iyi olurdu,' gibi bir duyguya kapıldıklarını söylemişlerdir.

Dinleme, en önemli iletişim davranışıdır. Bir kişiye varoluşun beş boyutunu yaşatmanın en etkili yolu, o kişiyi dinlemekten geçer.

Dinlemek çok önemli bir davranıştır. Çünkü insanlar, ancak bir başkası tarafından dinlenirken kendilerini bulur, kim olduklarını anlarlar. Dinlenmeyen çocuk gelişemez; çünkü varoluşun beş boyutunu yaşayamaz. Çocuğun gelişmesi için ailede dinleme ne denli önemliyse, öğrencinin gelişmesi için de sınıfta dinlenmesi o denli önemlidir. Yine aynı şekilde, çalışan, gerçek değerini ve onurunu işyerindeki dinlenme süreci içinde keşfeder.

Ailede dinlenmeyen çocuk, kendisini dinleyen arkadaşlarına uyar; arkadaşlarının kötü alışkanlıkları varsa, onlara uyarak, kötü alışkanlıklar edinir. Gençlerini dinlemeyen toplum, ancak suç işledikleri zaman onları kaale alır ve polisiyle, hapishanesiyle onları karşılar. Hapishanelerimiz, dinlemeyen bir toplum olduğumuzun kanıtı olarak, tıklım tıklım doludur.

Karşınıza boş bir sandalye alın ve ona konuşun. Ne kadar çabuk yorulduğunuzu göreceksiniz. Sizi dinlemeyenlere konuşmaya çalıştığınız zamanları ve bunun ne kadar can sıkıcı olduğunu hatırlayın.

Diğer yandan konuşmaktan çok zevk aldığınız zamanları hatırlayın. Güzel sohbetlerinizi düşünün. Göreceksiniz, mutlaka sizi iyi dinleyen bir kişi vardır. Sizin konuşmanızın kalitesi ve hoşluğu, karşınızdakinin dinleme kalitesinin bir sonucudur.

İnsanların fenomen dünyasını hesaba katarak, onların varoluşunu önemseyerek konuşan kişiyi, *insanların dinlemesine konuşuyor,* diye tanımlıyorum. Çalışanlarının dinlemesine konuşan lider, liderliğini yaptığı insanların özlemlerini, beklentilerini, umutlarını onların gözlerinden, sözlerinden keşfeder ve onlara değer verir.

Dostluklar, ancak dinlemenin sonucunda oluşur. Çoğumuz, dostlukların konuşmanın sonucunda oluştuğunu sanırız. Gerçekte dostluk, dinlemenin sonucunda oluşur, konuşmanın değil.

Dinlemesiyle insanları anlayan, değer veren insan, öyle bir güven ve anlayış ortamı yaratır ki, bu ortam içinde herkes onu özler, onunla beraber olmak ister, onu izlemek ister. Karakteri, inandığı temel değerler ona sürekli yol gösterir ve onun inanılır, güvenilir bir insan olduğunu tekrar tekrar gözler önüne serer.

Birbirimizi dinlemezsek evlilikte de, iş yaşamında da ilişkiler gelişme potansiyelini ve kalitesini kaybeder. Ve ilginç olan şu: *İlişki gelişmeyince, ilişki içindeki insanlar da gelişmez.*

Burada yeniden hatırlatmakta fayda var: İşyeri için söylediğimiz her şey aile için, aile için söylediğimiz her şey de işyeri için geçerlidir.

17
Varoluş Matrisi İçinde Büyürüz

Bir nazlı kuşa benzer
Çocuk dediğin.
Ev ister ekmek ister
Öpülmek okşanmak ister.

CAHİT KÜLEBİ(*)

Çocuk doğduğu zaman, birileri anne, bir başkası baba olur. Nine, dede, dayı, teyze, hala, amca olanlar da vardır. Çocuk, bir ilişkiler ağı içine doğar. Her bir ilişkinin çocuktan beklentileri vardır ve her bir ilişki, içinde bulunulan duruma göre, çocuğu değişik derecelerde etkileme potansiyeline sahiptir.

Babası hırçın ve geçimsiz olan küçük Yalçın'ın annesi yumuşak ve sevecen olabilir. Yalçın, babasından alamadığı sevgiyi annesinden aldığıyla bir derece telafi edebilir.

Annesi gergin ve karamsar olan küçük Zehra'nın babası kızına düşkün ve hoşgörülü olduğu için, Zehra annesinden aldığı olumsuz mesajları, babasından aldığı olumlu mesajlarla dengelemiş olabilir.

Annesi ve babası işe kendini vermiş olan küçük Ali'nin büyükbabası ve büyükannesi onun en yakını olmuş ve onu büyütmüş olabilir.

Yukarıda verdiğim örneklerden şu anlaşılmasın: Anne yoksa,

(*) Soysal, İlhami, *20. Yüzyıl Türk Şiiri Antolojisi*, Bilgi Yayınevi, Ankara, 1994, s. 291.

baba annenin eksikliğini giderir; baba yoksa, anne onun eksikliğini giderir. Her ikisi de yok ise büyükbaba ile büyükanne, anne ve babanın yokluğunu giderir. Bunu demek istemiyorum. Tabii ki, annenin, babanın farklı farklı etkileri vardır ve çocuğun, sağlıklı ve dengeli gelişebilmek için hem anneye hem babaya gereksinimi vardır.

Söylemek istediğim, çocuğun yaşamında var olan eksikliklerin, olumsuzlukların etkilerinin törpülenerek azaltılmasıyla ilgili.

Evet, çocuk karmaşık bir ilişkiler ağı içine doğar ve ilişki içinde olduğu her bir insan, onu değişik yönlerden, değişik derecelerde etkiler.

Şimdiye kadar sözünü ettiğim bütün bu etkileşimleri, Varoluş Matrisi diyebileceğimiz bir tablo içinde toplayabiliriz. Yalçın'ın annesi ile Zehra'nın babasının, Ali'nin büyükbabası ile büyükannesinin bütün etkileşimleri bu Matris içinde yer alır.

Bu Matris'te soldaki sütunu varoluşun beş boyutu oluşturur. Diğer iki sütun, bireyin *can* adını verdiğimiz iç dünyasını ve *sosyal yüz* adını verdiğimiz dış dünyasını temsil eder.

Bu Matris'te yer alan her bir göze bir numara verdim. Bu numaraların anlamı şudur:

Biriyle karşılaşıyorum ve o kişi bana, "Doğan'cığım nasılsın? Nerelerdeydin, seni özledim!" diyor. Bu ifadede benim özüm, iç dünyam, *can*'ım umursanmış, kaale alınmış oluyor. Bu nedenle bu ifade 1 numaralı göze bir örnek teşkil eder.

Varoluş Matrisi'ndeki 2 numaralı gözde ise, bireyin dış dünyası, sosyal rolleri, *sosyal yüzü* önemsenmiş oluyor. Karşılaştığım kişi benimle, "Sayın Profesör, nasılsınız? Saygılarımı sunarım efendim!" gibi bir tavır içinde konuştuğunda benim özümü değil, benim titrimi umursamış, kaale almış oluyor.

Can'ın olduğu gibi kabul edilmesi, Varoluş Matrisi'nin 3 numaralı gözünde gerçekleşir. "Benim kızım biraz alıngandır; onun alınganlığının da kendine özgü bir tadı, bir havası var," ifadesinde kişi, kızını olduğu gibi, hiçbir değişiklik beklentisi olmadan kabul etmektedir.

VAROLUŞ MATRİSİ

Varoluş Boyutları	*İç Dünya* CAN	*Dış dünya* SOSYAL YÜZ
UMURSANMAK	**1** "Doğan'cığım nasılsın? Nerelerdeydin, seni özledim!	**2** "Sayın Profesör, nasılsınız? Saygılar sunarım efendim!"
KABUL EDİLMEK	**3** "Onun alınganlığının da kendine özgü bir tadı, bir havası var."	**4** "Güler yüzlü olmanı istiyorum."
DEĞERLİ OLMAK	**5** "Sensiz bir hayat düşünemiyorum."	**6** "Senin paran olmadan biz nasıl geçiniriz?"
YETERLİ OLMAK: GÜÇLÜ VE GÜVENİLİR OLMAK	**7** "Benim kızım her işin üstesinden gelir."	**8** "Benim kızım çok söz dinler; hep benim dediğimi yapar; babasının sözünden dışarı çıkmaz."
SEVİLMEYE LAYIK OLMAK	**9** "Aslan oğlum benim; seni çok özledim; gel birbirimize sarılalım ve seni bir koklayayım!"	**10** "Benim oğlum öğretmeninden hep aferin alır; karnesinde hiç kırık yoktur; sınıfın birincisidir."

Matris'in 4 numaralı gözünde ise, "Asık suratlı olma, güler yüzlü olmanı istiyorum. Hah, bak ne güzel oldu; hep böyle gül," ifadesinde olduğu gibi görünüşe önem verilmektedir.

Sevgilisine, "Sensiz bir hayat düşünemiyorum," diyen kişi, sevgilisinin özüne hitap etmektedir ve bu ifade Varoluş Matrisi'nin 5 numaralı gözüne örnektir.

Öte yandan, "Senin paran olmadan biz nasıl geçineceğiz?" cümlesi, Varoluş Matrisi'nin 6 numaralı gözünü ifade etmektedir. Kişinin, parasının ötesinde bir değeri yoktur.

"Benim kızım her işin üstesinden gelir," dediğiniz zaman çocuğunun yapabilecek gücü olduğunu ve sizin ona güvendiğinizi ifade etmiş olursunuz. Bu ifade Varoluş Matris'inin 7 numaralı gözüne bir örnek teşkil etmektedir.

Öte yandan, "Benim kızım çok söz dinler; hep benim dediğimi yapar; babasının sözünden dışarı çıkmaz," ifadesi çocuğun özüne değil, onun sosyal yüzüne olan güveni belirtmektedir ve Matris'in 8 numaralı gözüne bir örnek teşkil etmektedir.

Varoluş Matrisi'nin 9 numaralı gözü 'can'ın sevildiğini, özlendiğini ifade eder. Akşam işten evine dönen baba, karşısında dört yaşındaki oğlunu gördüğü zaman, "Aslan oğlum benim; seni çok özledim; gel birbirimize sarılalım ve seni bir koklayayım!" dediğinde, çocuk sevildiğini anlar.

Öte yandan, "Benim oğlum öğretmeninden hep aferin alır; karnesinde hiç kırık yoktur; sınıfın birincisidir," diyen baba, oğlunun özünü değil, onun başarısını sevmektedir. Bu ifade Varoluş Matrisi'nin 10 numaralı gözüne örnektir.

Çocuğun *can*'ını besleyen iletişim, onu geliştirir; *yüz*'ünü besleyen iletişim kalıplar.

Bu bölümün başında sözünü ettiğimiz Yalçın, Zehra ve Ali gibi her bir çocuğun geçmişinde, milyarlarca etkileşim vardır. Bu etkileşimlerden bazıları çocuk için önemli olan anne, baba, öğretmen, amca, nine, dede gibi kişilerledir. Bu tür etkileşimlerin ağırlığı, gelişigüzel, sokaktaki sıradan insanlarla olan etkileşimlerden daha fazladır.

Tüm bu etkileşimlerin sonunda çocuk, kendiyle ilgili bir imge, bir imaj geliştirir. Kişinin geliştirmiş olduğu bu özbenlik imgesi, o kişinin yaşamına yön veren en önemli etkendir.

Sağlıklı bir ortamda varoluşunu gerçekleştirmiş ve *can*'ı, varoluşun beş boyutunda sürekli beslenmiş birinin özbenlik imgesi sağlıklı ve güçlü olacaktır. Bu kişi, yaşamındaki her durumu sağlıklı bir özbenlik imgesiyle algılayacak ve olayları aşağıdaki zemin doğrultusunda anlamlandıracaktır:

Ben varım, ben doğalım (bende herhangi bir bozukluk yok), ben değerliyim (ben ailem, okulum, toplumum ve yaşamımdaki insanlar için önemliyim, vazgeçilmezim), kafama koyduğum işi eninde sonunda yapacak güçteyim ve bu konuda kendime güvenirim, sevilmeye layık biriyim.

Sağlıksız bir ortamda varoluşunu gerçekleştirmiş ve *can*'ı, varoluşun beş boyutunda beslenmemiş birinin özbenlik imgesi sağlıksız ve zayıf olacaktır. Bu kişi de yaşamındaki her durumu sağlıksız bir özbenlik imgesiyle algılayacak ve olayları aşağıdaki zemin doğrultusunda anlamlandıracaktır:

Ben var gibi gözüküyorum, ama aslında ben bir maskeyim, özüm yok. Benim özümde bir bozukluk olduğuna inanıyorum. Şu anda burada olmasam, yokluğumu kimse fark etmez, çünkü ben değersizim (ailem, okulum, toplumum ve yaşamımdaki insanlar için önemsizim). Beceriksizim, elimden hiçbir iş gelmez; gücüm ve güvenim yok. Sevilmeye layık değilim; birinin işine yarıyorsam beni severmiş gibi yapar, ama daha sonra benimle ilişkisini keser.

Kişinin hangi özbenlik bilinci içinde olayları algıladığı, o kişinin yaşamında yer alan en önemli değişkeni ifade eder. Kişinin tüm algılama ve yorumları, olaylara verdiği anlam, yani teknik dille ifade edilirse tüm fenomenolojisi, özbenliğinin bir sonucudur. Sıfır, nasıl matematikteki bütün sayıların anlamını belirliyorsa, özbenlik bilinci de bireyin yaşamında yer alan tüm olayların anlamını belirler.

Buraya kadar oluşturduğumuz kavramsal altyapıyı kullanarak günlük yaşamda yer alan etkileşimleri ve iletişimi artık irdeleyebiliriz. Bu irdelemeyi gelecek bölümde inceleyeceğimiz İletişim Matrisi'ni kullanarak yapabiliriz.

18
İletişim Matrisi

Yanından geçiyoruz tahtaperdenin
her günkü yolumuzda

Yalnız biri, bir genç
sıçrıyor görmek için öte yanını

Bunca bezgin insan arasında
yalnız biri

KEMAL ÖZER(*)

Matris kelimesi gözünüzü korkutmasın; çok lafla anlatılacak olayı, daha kısa yoldan ifade ettiği için bu yolu seçtim.

Önce İletişim Matrisi'ni oluşturalım. Kendinizi çalıştığınız işyerinde düşünün. Beraber çalıştığınız insanlar var, yöneticiniz var, ortama girip çıkan müşteriler veya başka görevliler var. Bütün bu söylediklerimizin tümüne işyeri ortamı diyelim. İşyeri ortamından söz ettiğimiz gibi aile ortamından, okul ortamından, genel olarak toplumsal ortamdan da söz edebiliriz.

Ortamdaki kişiler, hal ve tavırlarıyla veya söyledikleri sözlerle sizinle iletişim içine girerler. Unutmayın, iki insan birbirinin farkına varınca iletişim başlar. Bu iletişim ortamı, size, varoluşun beş boyutunu değişik derecelerde yaşatır. Örneğin, sizi gördüğü halde size selam vermeyen kişi, size, 'Umurumda değilsin!' mesajını vermektedir. Başka biri, "Ne bu halin yahu? Biraz kendine

(*) Soysal, İlhami, *20. Yüzyıl Türk Şiiri Antolojisi*, Bilgi Yayınevi, Ankara, 1994, s. 536.

çeki düzen ver!" diyorsa, 'Sen varsın, ama sende bir bozukluk var!' mesajını vermektedir.

Şimdiye kadar sözünü ettiğim şeyler, İletişim Matrisi'nin 'ortam' boyutunu oluşturmaktadır. Ortam boyutunu, varoluşun beş boyutunu yaşatan (+) ve yaşatmayan (-) olarak iki kutuplu düşünelim. Örneğin, çalışanlara "Günaydın!" diyen yönetici, onlara varoluşun beş boyutunun artı kutbunu, çalışanları gördüğü halde selam vermeyen yönetici, onlara eksi kutbunu yaşatmaktadır.

İletişim Matrisi'nin bir de 'birey' boyutu vardır. Birey boyutunda kişinin özbenliğinin durumu belirtilmektedir: Varoluşun beş boyutunda, kendini olumlu gören özbenlik bilinci (+), olumsuz gören özbenlik bilinci (-) ile gösterilmiştir.

İLETİŞİM MATRİSİ

		ORTAM -	ORTAM +
BİREY	-	1 (-) (-) KORKU	2 (-) (+) HAYAL KIRIKLIĞI
BİREY	+	3 (+) (-) ÖFKE	4 (+) (+) HUZUR

Korku Ortamı

Matris'in 1 numaralı gözü, (-) (-) olarak işaretlenmiştir. Varoluşun beş boyutu içinde şunu ifade etmektedir: Ortam bireye, 'Sen kaale alınmaya değmezsin, sende bir bozukluk var, sen değersizsin, beceriksiz ve güvenilmezsin, sevilmeye layık değilsin,' gibi olumsuz mesajlar vermektedir ve birey de kendini zaten böyle görmektedir. Örneğin, iş ortamında yönetici asık suratla ve insanlara değer vermeden bağırarak emirler vermekte, hakaret etmektedir; ama, o ortamda çalışanlar bundan hiç rahatsız olmamakta, 'Yöneticimiz bize hayvan muamelesi yapmakta haklı; çünkü bize insan muamelesi yaparsa biz hemen şımarırız ve işi gevşetmeye başlarız,' diye düşünmektedir. Yönetici çalışanları, çalışanlar da kendilerini değerli görmemektedir.

Matris'in bu gözündeki duygusal zeminde sürekli korku vardır; bu nedenle Matris'in bu gözüne, KORKU ORTAMI adını veriyorum.

Hayal Kırıklığı Ortamı

Matris'in 2 numaralı gözü, (-) (+) olarak işaretlenmiştir. Bu göz, kendilerini insan muamelesine layık görmeyen insanlara, insanca davranılan bir ortamı temsil etmektedir. Kendilerini insan muamelesine layık görmeyen bu insanlara insan muamelesi yapılınca acaba bu kişiler memnun olacaklar mı?

İlginç bir soru, değil mi? İnsanların iyi muamele görünce memnun kalacakları sanılır, ama gerçek hiç de öyle olmuyor. Korku ortamına alışmış bu insanlar, korku ortadan kalkınca, iyi muamele eden kişiyi zayıf olarak görürler.

İyi muamelenin zayıflıktan kaynaklandığına inanırlar ve kendilerine iyi muamele eden yöneticiyi aciz ve yeteneksiz görerek ona saygı duymazlar. İşi aksatmaya başlarlar; işe geç gelirler. Zamanla işin kalitesi düşer.

Çalışan, böyle bir yöneticiye baktığında, 'Böyle yönetici mi olur? Kim bu adamı yönetici yapmış? Bu şirkete yazık oluyor,' diye düşünür. Onların gözünde, at binicisine göre kişner. Kendileri at, yönetici binicidir. Yönetici iyi binici olmadığı için, atlar kişnememektedir ve bu nedenle verim, üretim, işin kalitesi ve hizmet düşmektedir.

Yönetici de hayal kırıklığı içindedir. Çünkü çalışanlara iyi muamele edince, onların daha şevkli ve istekli işe sarılacaklarını beklemiştir ve bunun tam tersini görünce hayal kırıklığına uğramıştır. 'Demek ki bu insanlara iyi muamele yaramıyor, onlara hayvan muamelesi yapmak gerekiyor, onlar ancak sopadan anlıyorlar,' duygusu içindedir. Her iki taraf da hayal kırıklığı içinde olduğundan, Matris'in bu gözüne HAYAL KIRIKLIĞI ORTAMI adını veriyorum.

Öfke Ortamı

İletişim Matrisi'nin 3 numaralı gözü, kendiyle barışık, özbenlik bilinci olumlu, varoluşun beş boyutunda (+) ile gösterilmiş kişilerin (-) ile gösterilen kötü muameleye maruz kaldıkları ortamı ifade etmektedir. Böyle bir iş ortamında yönetici, asık suratıyla, hakaret eden bir tavır içinde, sağa sola emirler yağdırır ve bu, çalışanın çok gücüne gider.

Çalışan, 'Ben bu muameleye layık değilim; mevkice daha yüksek olması, ona, başka bir insana hakaret etme hakkı vermez,' diye düşünür ve içten içe kızar. 'Mevki sahibi olmuşsun, ama insan olamamışsın!' diye düşünerek yöneticisine saygı duymaz.

Yönetici ise, insanlara güler yüz gösterdiği takdirde başına geleceklerden korkmaktadır. Çalışan insanların ters tavırlar içinde olmalarına öfkelenir ve, 'Bunlar kendilerini ne sanıyorlar? Kafam kızarsa hepsini kapının önüne koyarım! İşleri olduğuna şükredeceklerine, homur homur homurdanıyorlar,' algılaması içine girer. Her iki taraf da öfkeli olduğu için bu ortama ÖFKE ORTAMI adını veriyorum.

Huzur Ortamı

İletişim Matrisi'nin 4 numaralı gözü, hem bireyin hem de ortamın olumluda buluştuğu yeri belirtmektedir. Burada birey kendini, varoluşun beş boyutunda (+) ile belirtilen olumlu bir özbenlik değeri içinde görmekte ve ortamdaki diğer kişiler tarafından da (+) olarak, yani olumlu algılanmaktadır. Böyle bir iş ortamında yöneten çalışana, 'Sen varsın, doğalsın, değerlisin, güçlü ve güvenilirsin, sevilmeye layıksın,' mesajını verir.

Çalışan bu mesajı içtenlikle kabul eder, çünkü gerçekten kendisinin, 'var olduğuna, doğal, değerli, güçlü ve güvenilir, sevilmeye layık olduğuna' inanır. Aynı zamanda yöneticisini de kendisi gibi değerli görür. Her iki taraf da hiçbir zorlama olmadan birbirine doğal olarak saygılı ve yardımcıdır. Herkes birbirinin hizmetindedir. Bu ortamda en belirgin duygu huzur olduğu için, İletişim Matrisi'nin 4 numaralı gözüne HUZUR ORTAMI adını veriyorum.

Ortam ve Stres

Dikkat ederseniz 2 ve 3 numaralı gözler 'uyumsuz' gözlerdir, çünkü işaretler birbirini tutmamaktadır. Öte yandan, 1 ve 4 numaralı gözler 'uyumlu' gözlerdir, çünkü işaretler birbirini tutmaktadır. Uyumsuz gözlerde kişilerarası ilişkilerde sürtüşme fazladır, bu nedenle bu ortamlar sürekli streslidir. Bu ortamlar uzun süre böyle kalamazlar, işaretlerden biri yönünde, genellikle gücü elinde bulunduranın isteği doğrultusunda, değişirler.

Örneğin, İletişim Matrisi'nin (-) (+) işaretleri olan 2 numaralı gözündeki HAYAL KIRIKLIĞI ORTAMI yöneticisini düşünün. Çalışan korku (-) ile yönetilmek ister ve kendine adam muamelesi yapan (+) yöneticiyi zayıf görür. Adam muamelesi yapan yönetici nedeniyle işyerinde disiplin bozulur, üretim düşer, kaytarmalar artar ve işyeri zarar etmeye başlar. Durum bu şekilde devam edemez.

Yönetici, kendi kişisel olgunluğu, gelecekle ilgili vizyonu, elindeki olanaklar, iş sahibinden aldığı destek, piyasa konjonktürü ve başka etkenler çerçevesinde kendine yeni bir yön belirler. Bu yön KORKU ORTAMI'na gidiş yönünde olabileceği gibi HUZUR ORTAMI'na gidiş yönünde de olabilir.

Peki bu nasıl gerçekleşir?

Kötüye Gitmek Kolay, İyiye Gitmek Gayret İster

KORKU ORTAMI'na gitmeye karar veren yönetici, bu kararını *hemen* uygulayabilir. Bütün yapacağı, suratını asmak ve çalışanlara 'hayvan' muamelesi yapmaya başlamaktır. Bu da pek hazırlık isteyen, strateji geliştirmeyi gerektiren bir konu değildir.

Disiplinsizlik yapan bir çalışana, yöneticinin, "Gel lan buraya, it oğlu it! Nedir senin bu yaptığın lan, pezevenk! Çağırın muhasebeciyi, kessin bu itin ilişkisini! Kim böyle itlik yaparsa hemen kapının önüne koyacağım. Sizlere adam muamelesi yaptık, anlamadınız itler; şimdi it muamelesi yapacağım. Sıkıyorsa kaytarın!" dediğini düşünelim.

Böyle bir tavır içinde iş ortamı, Matris'in 2 numaralı gözünden 1 numaralı gözüne geçer ve KORKU ORTAMI uygulaması başlar.

Şimdi de yöneticinin, duygusal olgunluğa erişmiş, vizyon sahibi biri olarak HUZUR ORTAMI'na geçmeye karar verdiğini düşünelim. Bu kararı verdikten sonra hemen HUZUR ORTAMI'na geçebilir mi? Mümkün değil! Deneyimlerim çerçevesinde şu tahminde bulunabilirim: İş sahibinin ve yönetim kurulunun yüzde yüz desteğini almış güçlü bir yönetici, iki bin kişilik bir kuruluşu ancak yedi veya sekiz yılda HUZUR ORTAMI'na taşıyabilir. Bu da ancak çok dikkatli ve stratejik bir insan kaynakları ve eğitim politikası gütmekle olabilir.

Bakın korku ortamına geçiş hemen gerçekleşebildiği halde, huzur ortamına geçiş zaman, planlama ve kaynak gerektirmektedir. Tabii en önemlisi, böyle bir geçişin, iş sahibi tarafından yüzde yüz desteklenmesi gerekir. Böyle bir desteği de ancak kısa vadeli değil, uzun vadeli kazançları görebilen, vizyoner bir iş sahibi verebilir. Böyle vizyoner iş sahiplerine, hem ülkemizde hem de dünyada az rastlanır.

Bir de İletişim Matrisi'nin (+) (-) olan 3 numaralı gözünü düşünün. Bu ortamda çalışan, kendisine saygı (+) duyulmasını ve adam muamelesi yapılmasını ister. Kendine hayvan muamelesi yapan (-) yöneticiye kızar. İşyerinde gerginlik artar, disiplin sopa zoruyla sağlanmaya çalışılır, üretim düşer, sorunlar büyür ve işyeri zarar etmeye başlar. Durum bu şekilde devam edemez.

Bu ortamda yönetici güçlü olduğu için, çalışan ancak pasif direnç gösterebilir ve bir süre sonra kendine yeni bir iş bularak çıkar. Kendine güveni gelişmiş, özbenliği güçlü insanlar sağlıksız ortamlarda uzun süre kalamazlar; şirket kendine en büyük yarını sağlayacak bu insanları kaybetmeye başlar. Geriye kalanlar da, 'Emekliliğim yakın; köprüyü geçinceye kadar ayıya dayı diyeyim,' düşüncesi içinde içlerine kapanırlar. Sonuç olarak öfkeliler gider, korkaklar kalır ve iş ortamı KORKU ORTAMI haline gelir.

Ama, bu şirkette yöneticiden daha güçlü, işin sahibi veya yönetim kurulu başkanı gibi üst düzeyde biri şirketin geleceğini iyi görmediği için HUZUR ORTAMI'na geçmeyi isteyebilir. O zaman daha önce sözünü ettiğimiz çok dikkatli ve stratejik insan kaynakları ve eğitim politikası uygulamasına geçmek gerekir. Tabii ilk adım, işyerini korku anlayışıyla yöneten kişiyi eğitmek olmalıdır.

Aslında iki kalıcı durum bulunmaktadır: 1) KORKU ORTAMI, 2) HUZUR ORTAMI. Bu iki farklı ortam, iki farklı dünya görüşünü yansıtmaktadır. Korku ortamı, kişilerin gücünü esas alarak, güçlünün güçsüzü korkuttuğu, ezdiği bir yaşam tarzı oluşturur. Huzur ortamında ise *gerçeğe saygı, hakkaniyet, kişisel bütünlük, hizmet* ve *sevgi* gibi insan ilişkilerine yön veren temel değerler vardır; herkesin bu temel değerlere uyduğu bir yaşam tarzı hâkimdir.

Güçlünün güçsüzü ezdiği, kullandığı dünya anlayışına KORKU KÜLTÜRÜ adını veriyorum. Temel değerlerin paylaşıldığı yaşama yön veren ise DEĞERLER KÜLTÜRÜ'dür.

Şimdi bu iki kültürü biraz yakından tanıyalım.

19

İki Yaşam Felsefesi: Korku Kültürü ve Değerler Kültürü

O, topraktan öğrenip
kitapsız bilendir.
Hoca Nasreddin gibi ağlayan
Bayburtlu Zihni gibi gülendir.
Ferhattır,
Keremdir
ve Keloğlandır...
Yol görünür onun garip serine,
analar, babalar umudu keser,
kahpe felek ona eder oyunu.
Çarşambayı sel alır,
bir yar sever,
el alır,
kanadı kırılır
çöllerde kalır,
ölmeden mezara koyarlar onu...

NÂZIM HİKMET(*)

Bu bölüme, üç gözlemimi ve bu gözlemlerin düşündürdüklerini paylaşarak başlamak istiyorum.

(*) Soysal, İlhami, *20. Yüzyıl Türk Şiiri Antolojisi,* Bilgi Yayınevi, Ankara, 1994, s. 113-4.

GÖZLEM 1

İstanbul'da Atatürk Hava Limanı yenilenmeden önceydi; hatırladığım kadarıyla aylardan ekimdi ve Adana'ya gitmek üzere bir öğleden sonra iç hatlar terminalindeydim. Erkekler tuvaletine gittim. Kalkma zamanı yaklaşan uçakların anonslarıyla yolcular çıkış kapılarına yönlendiriliyordu; havaalanı ve tuvalet kalabalıktı. Tuvalette iki lavabo vardı ve yolcular ellerini yıkamak için bir kuyruk oluşturmuşlardı. Kapıya yakın ilk lavaboda, iriyarı, 1.90 boylarında ve 100 kilo civarında bir yolcu aynada saçlarını düzeltiyordu. Kırk yaşlarında görünen bu kişinin saçları oldukça seyrekleşmiş ve alnı açılmıştı. Bu kişi, kalabalığa rağmen saçlarını düzeltmek için aynanın karşısında uzun süre kalmakta hiçbir sakınca görmedi.

Bu iriyarı adam saçını düzeltmeye başladıktan sonra, diğer lavabodaki sıranın önünde yer alan bir Japon, kuyruğun uzunluğunun farkında olan birinin çabukluğuyla, elini yıkayarak arkasındaki kişiye başıyla ve bedeniyle tipik Japon selamını verip lavabodan çekildi. Onu takip eden üç-dört kişi, birbiri peşi sıra ellerini yıkayıp gittiler. Sıradakiler, gergin fakat saygılı bir sessizlik içinde beklediler; aynada saçına bu kadar özen gösteren bu kişinin kendilerine saygısızlık ettiğini düşündüklerini yüzlerinden anlamak zor değildi.

İnsan davranışlarını gözlemlemeyi ve yorumlamayı kendine meslek seçmiş biri olarak, 'Bu adam neden sıradaki insanların zamanına duyarlı davranmıyor?' diye düşünmeye başladım; aklıma birçok olasılık geldi:

a– Saçı dökülmeye başlayanlar saçlarına daha mı çok özen gösteriyorlar? Belki de görünüşü önemseyen biriyle karşılaşmak üzere olduğu için kaygılıydı ve bu nedenle kuyruktakileri fark etmedi. Kaygısı, sırada bekleyen insanların da ellerini yıkaması gerektiğini algılamasını önlemiş olabilirdi. Yabancı insanlar arasında olmasına karşın Japon, sırada bekleyenlere duyarlı olabilmişti.

b– Düşündüğüm bir diğer olasılık, onun, iri, güçlü ve kuvvetli olduğu için, kendisine kolay kolay laf söyleyecek kimse çıkmayacağını bilmenin rahatlığı içinde, 'keyfince' zamanını geçiriyor olmasıydı. Bu olasılığın ilkinden farkı şu idi: İlkinde diğer kişilerin gereksinmelerini algılayamama söz konusuyken, bu olasılıkta algılamasına rağmen, 'Nasıl olsa kimse sesini çıkarmaya cesaret edemez!' düşüncesi hâkimdi.

c– Başka bir olasılık ise, bu kişinin, kuyruktakilerin farkında olmasına rağmen hiçbirini tanımıyor oluşudur. Tanıdık bildik olmayan insana saygılı davranmanın da toplumda 'zayıf', 'saf', 'keriz' gibi algılanacağı bilincindeydi. Yani tanıdık bildik olmayan insanlara değer vermek alışılagelmiş bir davranış olmadığı için, tanımadığı kimselere, birbirine yabancı olanların muamelesini yapıyordu.

Aklıma bir soru geldi: Çalıştığı şirketin genel müdürü –daha doğrusu kendinden **daha güçlü** biri– kuyrukta olsaydı acaba onun farkına varıp ona lavabodaki yerini verir miydi? İçimden gelen yanıt, "Kesinlikle evet!" idi.

GÖZLEM 2

Yirmi dairesi olan bir apartmanın toplantısına katıldım. "Binanın depreme dayanıklı olup olmadığını araştıralım," diyenlerle, "Gereği yok; boşu boşuna para harcamayalım!" diyenler arasından çoğunluğu belirlemek, bir karar vermek için yapılan bir toplantıydı. Akşam saat 20'de başlaması gereken toplantı 20:30'da yirmi kişiden on birinin katılımıyla başladı.

Herkesin aynı anda konuştuğu, kimsenin kimseyi dinlemediği bu toplantının sonucunda hiçbir karar alınamadı ve katılanlar toplantıdan daha da kızgın olarak ayrıldılar.

Aklımdaki soru şuydu: "Hangi durumda bu kişiler birbirlerini dinlerler ve sırayla söz alarak konuşurlar?"

Birçok olasılığı gözden geçirdikten sonra geldiğim sonuç şu oldu: Toplantıya katılan herkesin otorite olarak kabul ettiği, **gücünden korktuğu** biri toplantıyı yönetseydi, herkes sırasıyla söz alır ve yönetenin gözünün içine bakarak 'saygılı bir biçimde' konuşur ve dinlerdi.

GÖZLEM 3

Şişhane'den Karaköy'e inen yolun başına, 'durmak yasaktır' ve 'park edilemez' anlamına gelen uluslararası trafik işareti konulmuş ve altına da büyük kalın harflerle 'YOL BOYUNCA' yazılmış. Ancak bu trafik işareti ve altındaki yazı Bankalar Caddesi boyunca konulmuş olmasına rağmen, yol boyunca arabalar park etmişti.

Tabii benim sorum, "Ne zaman bu trafik işaretinin bir anlamı olur ve bu arabalar buraya park edemez?" oldu. Yanıtını biliyordum: Bir polis arabası gelip teker teker bu arabaları çektirmeye başladığı zaman, bu trafik işaretinin bir anlamı olur ve bu arabalar buraya park edemezdi. Yani, **gücünden korkulacak biri** çevrede olmadıkça, bu trafik işaretlerinin kendi başına bir anlamı bulunmamaktaydı.

Yukarıda verdiğim her üç gözlemin ortak yanı, **ortamda korkulacak bir güç olmadıkça insanların ve kuralların hesaba alınmadığı**dır. Ortamda korku varsa, bu korkunun kaynağına 'saygı' duyulur. Eğer ortamda korku yoksa o zaman kişilerin insan olarak değeri yoktur, kurallara uymak zorunluluğu duyulmaz.

Bu dünya görüşü, yaşama bakış tarzı, sokaktaki insanla paylaşılan bir *algılama zemini* oluşturur. Bu algılama zemini, insanın özünü, onurunu, tekliğini önemsemez; bu zeminin önemsediği en önemli faktör **güç**tür. Bu bir kültürdür ve ülkemizdeki insanlar bu kültürün içinde yoğrulmuşlardır. Ne var ki, nasıl kuş havanın, balık suyun farkında değildir, insanımız da bu kültürün yaşamımıza yön verdiğinin bilincinde değildir.

Korku kültürünün bir algılama zemini olduğunu söylüyorum; bunun ne demek olduğunu iyice kavrayabilmek için, kitabın başında sözünü ettiğimiz algılama sürecinde zeminin işlevini yeniden hatırlamamız gerekir. Ne demiştik? Zemin algılamayı, algılama davranışı, davranış da kendine özgü sonucu yaratır.

Korku kültürü, belirli türden bir yaşam tarzı, bir yaşam felsefesidir. Korku kültürü insanların özüne önem vermez; bu zeminde sosyal maskeler, mevkiler ve maddiyat önemlidir.

Değerler kültüründe insanın özü önemlidir; tüm yaşam süreci, özgün yaşama katkısı oranında anlam bulur.

Gördüğüm kadarıyla aydınlarımız, henüz bu iki kültürü tartışmaya başlamamışlar; ne var ki, kanımca Türk toplumunun en can alıcı sorunu budur.

Gelecek bölümde sevgi konusunu ele alarak bu iki kültürü karşılaştırmak istiyorum.

20
Sevgi Yaşamdır

Sevgileri yarınlara bıraktınız
Çekingen, tutuk, saygılı.
Bütün yakınlarınız
Sizi yanlış tanıdı.

Bitmeyen işler yüzünden
(Siz böyle olsun istemezdiniz)
Bir bakış bile yeterken anlatmaya her şeyi
Kalbinizi dolduran duygular
Kalbinizde kaldı.

BEHÇET NECATİGİL(*)

Yolda gördüğünüz sıradan vatandaşa şu durumları anlatın ve arkasından verilen soruları sorun:

Durum 1: Adam kamyon şoförlüğü yaparak hayatını kazanıyor. Karısının oğlan çocuğu doğurmasından memnun, arkadaşlarına şöyle diyor: "Oğlumu makine mühendisi yapacağım; ben okuyamadım o okusun, benim gibi sıkıntı çekmesin. Gerekirse ceketimi satacağım yine de onu okutup makine mühendisi yapacağım."

Soru 1: Bu kamyon şoförü oğlunu seviyor mu?

(*) Soysal, İlhami, *20. Yüzyıl Türk Şiiri Antolojisi*, Bilgi Yayınevi, Ankara, 1994, s. 277.

Durum 2: Anne kızının tabağına dört köfte koyuyor ve kızına bu köfteleri bitirmesini söylüyor. Ne var ki kız, iki köfte yedikten sonra, "Anne ben doydum, diğer iki köfteyi yiyemeyeceğim," diyor. Anne, "Hayır doymadın, köftelerin hepsini bitireceksin; senin zayıflayıp hasta olmanı istemiyorum. Dört köfteyi de yiyeceksin," diyor.

Soru 2: Bu anne kızını seviyor mu?

Durum 3: Büyük bir kentte çalışan oğullarının evlenme vaktinin geldiğini düşünen anne ve baba, onun için kendi köylerinde kız aramaya başlıyorlar ve nihayet 'münasip' bir kız buluyorlar. Kızı isteyip aile arasında söz keserek nikâh için oğlanı çağırıyorlar. Oğlan köye gelip kızı görünce kanı kaynamıyor. Annesine, "Ana, ben bu kızı istemem!" diyor. Anası da, "Oğlum senin kısmetin buymuş; baban söz kesti; bu kızla evlenmezsen kimsenin yüzüne bakamaz, aha şu ağaca kendini asar!" diye yanıt veriyor. Oğlan da boynunu büküp, gönlünün istemediği kızla evleniyor.

Soru 3: Anne ve baba oğullarını seviyor mu?

Durum 4: Mahallenin en güzel kızına vurulan bıçkın delikanlı kıza haber gönderiyor: "Ya benim olacaksın ya kara toprağın!"

Soru 4: Bıçkın delikanlı kızı seviyor mu?

Sokağa çıkıp karşılaştığımız insanlara sorsak, çoğu, bu soruların her birine, "Evet!" yanıtını verecektir.

Peki sizin yanıtınız ne oldu? Siz hangilerine "evet" hangilerine "hayır" dediniz?

Şimdi aklınıza ilk gelen, "Peki, hangi yanıt verilseydi doğru olurdu?" sorusu olmuştur.

Gelin beraberce bir gözden geçirelim.

Kamyon Şoförü Oğlunu Seviyor mu?

Kamyon şoförü oğlunun makine mühendisi olmasını istiyor. Niçin? Onun kendisinin çektiği sıkıntıları çekmesini istemediği için. Çocuğunun sıkıntı çekmemesini niçin istiyor? Çocuğunu sevdiği için.

Peki aşağıdaki gelişmeler olursa ne olur?

- Çocuk büyüyünce okula gitmek istemedi; örneğin, pazarcılık yapan bir esnaf olmak istedi.
- Okula gitmek istedi; fakat makine mühendisliği yerine başka bir bölümü seçti; örneğin felsefe bölümünü seçerek meslek olarak felsefeyle uğraşmayı tercih etti.

Bu durumlarda babanın alacağı tavır ne olacak?

Makine mühendisi olmak iyi para kazanmanın sadece bir yoluysa ve babanın gözünde eğitimin para kazanmanın ötesinde başka bir değeri yoksa, o zaman çocuk esnaflıktan veya felsefeden para kazanabileceğini kanıtlarsa itiraz etmez. Oğlunun bu uğraşlardan iyi para kazanamayacağını düşünürse itiraz eder.

Oğlunun makine mühendisi olmasını, baba kendine özgü kişisel nedenlerden dolayı isteyebilir. Örneğin, ilkokul arkadaşı makine mühendisi olmuş ve küçükken kendisinin göz koyduğu kızla evlenmiş olabilir. Kendisinin yaşadığı bu ezikliği oğlunun yaşamamasını, oğlunun makine mühendisi olmasıyla özdeşleştirmiş olabilir.

Bir başka olasılık, çalıştığı şirketin yöneticisi makine mühendisi olduğu için baba, 'saygın ve güçlü insan olmanın yolu' olarak makine mühendisliğini görmüş olabilir.

Bunun gibi daha birçok neden sayılabilir. Oğlunu makine mühendisi görmek istemesinin arkasında babanın kendine özgü bu tür nedenleri varsa, makine mühendisliği para kazanmanın ötesinde bir anlam taşımaya başlar ve baba çocuğunun başka bir mesleği seçmesine rıza göstermez. Çocuğun makine mühendisi olması artık çocuğun yaşamını aşan, babanın yaşamının bir yönüne hizmet eden bir işlev yüklenmiştir. Ne var ki, baba, oğlunun makine mühendisi olmasıyla ilgili isteğinin nereden kaynaklandığının bilincinde olmayabilir.

Baba, ister eğitimi para kazanmanın bir aracı olarak görsün, ister kendine özgü kişisel nedenlerden dolayı oğlunun makine mühendisi olmasını istesin, benim, bu tür düşünen babaların sevgi anlayışıyla sorunum var.

Önce eğitimi para kazanma aracı olarak gören baba yaklaşımını ele alalım.

Eğitimi para kazanmanın aracı olmanın ötesinde göremeyen baba, yaşamın amacını para kazanmak olarak görmeye yatkındır. Bu öyle bir zincir ki, bu zincirin sonunda sadece eğitim bir araç olmuyor, yaşamın kendisi bir araç oluyor: 'İnsan para kazanmak için yaşar,' mesajını, çocuk, böyle bir ailede erken yaşta almaya başlıyor.

Diğer yandan, baba kendine özgü nedenlerden dolayı çocuğunun makine mühendisi olmasını istediğinde ise çocuğa şu mesajı vermeye başlıyor: 'Sen bu dünyada benim beklentilerimi gerçekleştirmek için varsın!'

Görüldüğü gibi, her iki halde de çocuğun kendi özü onurlandırılmamaktadır. Halbuki *sevgi, bir insanın olabileceğinin en iyisini olmasına, gelişmesine olanak sağlamaya kendini adamaktır.* Babanın bilinci böyle bir sevgi anlayışından uzaktır. Toplumumuzdaki birçok insan da, babanın bilincinin gerçek sevgiden yoksun olduğunu kavramakta yetersiz kalmaktadır.

Bu baba, gerçek sevgi bilincine erişmiş biri olsaydı nasıl konuşurdu?

Diğer örnekleri de irdeledikten sonra bu sorunun yanıtına döneceğim.

Anne Kızını Seviyor mu?

Anne, kızının köftelerinin tamamını yemesini istiyor; niçin? Onun zayıflayıp hasta olmaması için, sağlıklı bir çocuk olması için.

Çocuğunun sağlıklı olmasını niçin istiyor? Çocuğunu sevdiği için.

Peki çocuk neden diğer iki köfteyi yemek istemiyor?

Doyduğu için.

Ama anne, çocuğa, doyup doymadığına karar verme sorumluluğunu vermiyor. Niçin?

Çünkü çocuğunun, doyduğunu anlayacak bir yetiye sahip olduğuna inanmıyor. Ayrıca lütfen hatırlayın, varoluşun beş boyutunda anne farkına varmadan çocuğuna, 'Sende bir bozukluk var,' ve 'Sen yetersiz, güçsüz ve güvenilmezsin!' mesajlarını veriyor.

Burada ilginç bir durum ortaya çıkıyor: Bu anne, evdeki kedinin doyup doymadığını bilebilecek bir yetiye sahip olduğuna inanır. Yani kediyi, 'Sen doyup doymadığını bilmezsin, haydi ye!' diye zorlamaz.

Demek ki evdeki kedi bu çocuktan daha 'donanımlı' (eğer isterseniz donanımlı yerine 'yetenekli' veya 'akıllı' gibi kelimeler de kullanabilirsiniz) görülüyor.

Peki neden toplumumuzda kızına, 'Sen bir kediden daha az donanımlısın (akıllısın veya yeteneklisin!)' mesajını veren bir annenin sevgisinden şüphe edilmez?

Çünkü, benim toplumumda, "Sen doyup doymadığını bilmezsin, haydi ye!" diyen annenin bu sözünün altında neler yattığını anlayabilecek bilişsel donanıma, birçok kimse maalesef sahip değildir. Bizdeki donanım, 'çocuk değil, anne, evladının ne yapıp yapamayacağını bilir!' yargısına götürür.

Peki bu çocuk ne yapmalı ki yiyecek konusunda kedi kadar akıllı olduğunu annesine kanıtlayabilsin?

Yapabileceği hiçbir şey yok. Çocuk kaderinin kurbanı olmuş durumdadır ve bu kafesten çıkması mümkün değildir. Ne demek kaderinin kurbanı olması?

İnsan bedeninin nasıl çalıştığını bilmeyen bir anneye sahip olma kaderidir, sözünü ettiğim.

Gerçek şudur ki, insan vücudu, müthiş bir donanmışlık içinde çalışır; böylece insan aç olduğunu, yorgun olduğunu, susuz veya uykusuz olduğunu doğrudan bilir. Ayrıca doyduğunu, yeteri kadar dinlendiğini, yeteri kadar uyuduğunu veya yeteri kadar su içtiğini de doğrudan anlayabilir. "Açtım ama doydum," diyen bir yetişkine, "Nereden biliyorsun doyduğunu, nasıl ölçtün?" diye sorarsanız, aklınızdan bir zorunuz olduğunu düşünür.

Aklınızdan bir zorunuz olduğunu düşünür çünkü, her insanın aç veya tok olduğunun doğrudan farkında olduğu, bilinen bir gerçektir.

Bu çocuk annesinin tutumunu sorgusuz sualsiz kabul ettiği zaman, annesine bağımlı bir insan olarak yetişecektir; "Anne su içeyim mi?", "Anne benim karnım acıktı mı?" gibi ilk bakışta çok tuhaf görünen tutumlardan başlayarak daha sonra, "Anne hangi mesleği, eşi, evi, kitabı seçeyim?"e kadar varan, sosyal yaşamda sık sık gördüğümüz tutumlara kadar gidecektir.

Çocuğunu gerçekten seven anne, çocuğunun kendisine bu kadar bağımlı olmasını neden istesin ki?

Birisinin kendine bağımlı olmasını isteyen kişi, bu bağımlılığı kendine özgü nedenlerden dolayı ister. Yani anne, çocuğa özgü nedenlerden dolayı değil, kendine özgü nedenlerden dolayı çocuğunun kendisine bağımlı olmasını istemektedir.

Her anne için bu nedenler değişik olabilir; kimi kendi çocukluğundan gelen bağımlılık alışkanlığını, kimi varoluşunun anlamsızlığını, kimi de kocasıyla ilişkisinden doğan mutsuzluğu doldurma çabasındadır. Ama, bu nedenlerin hiçbiri ilişkiye, çocuğu sevmeye dönük bir bilinç getirmez.

Anne kendine özgü nedenlerle çocuğu bağımlı kılmaya giriştiğinde, çocuğun kendi özü onurlandırılmamaktadır. Halbuki sevgi, bir insanın olabileceğinin en iyisi olmasına, gelişmesine olanak sağlamaya kendini adamaktır. Annenin bilinci böyle bir sevgi anlayışından uzaktır. Toplumumuzdaki birçok insan da, annenin bilincinin gerçek sevgiden yoksun olduğunu kavramakta yetersiz kalmaktadır.

Bu anne gerçek sevgi bilincine erişmiş biri olsaydı nasıl konuşurdu?

Diğer örnekleri de irdeledikten sonra bu sorunun yanıtına döneceğiz.

Anne ve Baba Oğullarını Seviyor mu?

Anne ve baba oğullarının evlenme vaktinin geldiğinin farkındalar ve bunu umursuyorlar. Neden? "Çünkü oğullarına değer veriyorlar, onu seviyorlar," akla gelen birçok yanıttan biri olabilir. Kızı istemeleri, söz kesmeleri de aynı yanıtın gereği olarak düşünülebilir.

Peki oğlan neden kızla evlenmek istemiyor?

Kanı kaynamadığı için.

Ama, kimi isterse onunla evlenmeye karar verme yetkisini anne ve baba oğlana vermiyor! Niçin?

Çünkü oğullarının 'evlilik için münasip kişiyi seçme yetisi'ne sahip olduğuna inan**mı**yorlar.

Oğlan ilginç bir seçimle karşı karşıya; ya babası kendini asacak ya da istemediği kızla evlenecek.

Babasının kendini asmasını oğlan göze alsa, acaba istediği kızı köyde ona verirler mi? Hiç sanmıyorum.

Yani oğlanın pek bir seçeneği kalmamış durumda; şu veya bu, hangi seçenek içinde hareket ederse etsin, yine kendi isteğine ulaşacağı bir olanak yaratamıyor.

Netice olarak, anne ve baba, verdikleri kararla oğullarının ömrünün geri kalan kısmını istediği gibi geçirmesini olanaksız kılmış bulunuyorlar.

Peki neden toplumumuzda, 'oğlunun ömrünün geri kalan kısmını istediği gibi geçirmesini olanaksız kılmış' bir anne ve babanın sevgisinden birçok kimse şüphe etmez?

Bunun nedeni, bireyin kendi yaşamından kendisinin sorumlu olması gerektiğinin bilinmemesidir.

Peki bu oğlan ne yapmalı ki, evlenme konusunda doğru kararı verebilecek yetenekte olduğunu annesine ve babasına kanıtlayabilsin?

Annesinden ve babasından bağımsızlığını ilan edip kendi başının çaresine bakmanın ötesinde bu oğlan evladının yapabileceği hiçbir şey yoktur. Köyde yetişmiş bir delikanlının tümüyle bağımsızlığını ilan etmesi, hiç dağ görmemiş birinin Everest'in tepesine çıkmak için hayatını yeniden planlamasına benzer. Oğlan çocuğu kaderinin kafesindedir ve bu kafesten çıkması olağanüstü bir farkındalık ve destek gerektirir.

Bir şarkı hatırlıyorum, çocukluğumda sık sık duyardım, "Bu ne sevgi ah, bu ne ıstırap!" diye sözleri vardı, şimdi o sözleri düşünüyorum. Sözünü ettiğimiz öyle bir 'sevgi' ki, karşıdakini mutlaka kendine bağımlı kılıyor ve onun insan olarak bağımsızlığını elinden alıyor.

Kişi, kendine özgü nedenlerden dolayı karşıdakinin kendisine bağımlı olmasını ister. Sözünü ettiğimiz bu olayda anne ve baba, kendilerine, topluma ve kültüre özgü nedenlerden dolayı çocuklarının bağımlı olmasını istiyor.

Anne ve baba, kendilerine özgü nedenlerle çocuğu bağımlı kılmaya giriştiğinde, onun özü onurlandırılmamaktadır. Özün onurlandırılmadığı yerde sevgi yoktur.

Toplumumuzdaki birçok kişinin bilinci, onurlandırıcı bir sevgi anlayışından uzaktır; o nedenle, bu ana ve babanın yaptıklarının, çocuk için ne denli olumsuz bir gelecek yarattığının birçok kişi farkında değildir.

Bu anne ve baba, gerçek sevgi bilincine erişmiş insanlar olsalardı nasıl konuşur, nasıl davranırlardı?

Bir örnek daha irdeledikten sonra bu sorunun yanıtına döneceğiz.

Bıçkın Delikanlı Kızı Seviyor mu?

Delikanlı âşık olduğunun farkında. Nasıl mı? Siz susuzluğunuzun, açlığınızın nasıl farkında iseniz, o da âşık olduğunun öyle farkında.

Muhtemelen sürekli kafası o kızla meşgul; onu özlüyor, yüzünü görmek istiyor, ona dokunmak, onu kucaklamak hayali, sürekli kafasında.

Ve bütün bu duyguların kanıtladığı şeyi o biliyor: "Ben bu kızı seviyorum!"

Peki bir delikanlı bir kızı severse ne olur? Eğer gerçekten bu kıza gönlünü vermişse, o kıza ilgi duyan başkaları varsa onlara mesajını gönderir: "Hop hop asılmayalım, yengeniz olur!" Daha sonra, "Benim göz koyduğum kıza asılanı deşerim!" ve benzeri tehditler, uyarılar etrafa yayılır.

Gerçekten de kişiler o kıza 'asılmayı' göze alamazlar. Ve delikanlı o zaman mesajını asıl hedefe yollar: "Ya benim olacaksın ya kara toprağın!"

Peki kendisi bu kız uğruna ölmeye hazır mı? Evet! Bu delikanlı sevdiği kız uğruna ölmeye hazır! Hem ölmeye hazır hem de öldürmeye! Eğer kız tüm uyarıları duymayıp başka birine 'giderse' onu gerçekten kara toprağa gömer. Kız kendi isteği dışında zorla başka birine 'verilirse' o zaman verenlerin başı belaya girebilir. Bıçkın delikanlı kararını vermiştir: "Onu başkasına yar etmem!"

Tabii burada apaçık gözüken odur ki, bu bıçkın delikanlı, kızın kendisine ilgi duyup duymamasına pek aldırış etmemektedir; kararı verecek olan kız değil, kendisidir. Bir başka deyişle, oğlanın sevmesi kızın kaderini tayin etmede gerekli ve yeterli nedendir; kıza söz düşmemektedir.

Peki neden toplumumuzda, 'kızın, ömrünün geri kalan kısmını istediği gibi geçirmesini olanaksız kılmış' bir delikanlının sevgisinden birçok kimse şüphe etmez?

Bunun iki nedeni var. Birincisi, bir genç kızın kendi istekleri çerçevesinde bir yaşam oluşturması ve kendi sevdiği insanı seçme iradesini göstermesi bu toplumun genelinde pek önemsenmez.

Bu yazdığım cümle üstünde düşündükçe, aslında yanlış söylediğimi anladım; aslında önemseniyor, hem de bayağı önemseniyor. Benim şöyle söylemem gerekirdi: Bir genç kızın kendi istekleri çerçevesinde bir yaşam oluşturması ve kendi sevdiği insanı seçebileceği iradeyi göstermesi bu toplumun genelinde *istenmez.*

Niçin istenmiyor? Genç kızın kendi yaşamına yön vermesi istenmiyor, çünkü bu durumda onun için karar vermesi beklenen kişilerin gücü yadsınmış olur. Bu genç kızın içinde yetiştiği ortamda, birincisi genç olmak, ikincisi dişi olmak, güçsüz olmak için yeterli iki nedendir; kızın içinde yetiştiği bu kültürün tüm yaşam felsefesi güç ilişkileri üstüne kurulduğu için, **güçsüzün kendi yaşamını yönetme hakkı yoktur.**

Delikanlının kıza olan sevgisinden şüphe etmemenin ikinci nedeni, sevginin ne demek olduğuyla ilgili, insanımızın bilincinin donanmamış olmasıdır. 'Kızın ömrünün geri kalan kısmını istediği gibi geçirmesini olanaksız kılmış' bir delikanlının sevgisinden birçok kimse şüphe etmez, çünkü bunun sevgisizlik olduğunu anlayabilmek için, bireylerin bilinçlerinin donanmış olması gerekir ve toplumumuzda birçok kimse böyle bir donanıma sahip değildir.

Bizdeki bilincin donanımı, 'Oğlan severse kızı alır,' yargısına götürür.

Dilerim Tanrıdan ki, sana açık kucaklar
Bir daha kapanmadan kara toprakla dolsun;
Kan tukursun adını candan anan dudaklar,
Sana benim gözümle bakan gözler kör olsun!

FARUK NAFİZ ÇAMLIBEL(*)

Bu genç kız ne yapmalı ki, yaşamıyla ilgili olarak, kimi seveceği konusunda karar verebilsin ve bu karar, saygıyla karşılanıp kabul edilsin.

Bağımsızlığını ilan edip kendi başının çaresine bakmanın

(*) Özkan, A.; Durbaş, R., *Cumhuriyetten Günümüze Türk Şiiri Antolojisi,* Boyut Dosya Yayınları, İstanbul, 1999, Cilt 1, s. 82.

ötesinde, bu genç kızın yapabileceği hiçbir şey yok. Türkiye'de geleneksel kültür içinde sıradan bir Türk ailesinde yetişmiş bir genç kızın tümüyle bağımsızlığını ilan etmesi, bir önceki örnekte belirttiğim gibi, hiç dağ görmemiş birinin Everest'in tepesine çıkmak için hayatını yeniden planlamasına benzer. Genç kız kaderinin kafesindedir ve bu kafesten çıkması olağanüstü bir farkındalık ve destek gerektirir. Bu kafesin kurallarından biri, yukarıda da belirttiğim gibi, genç kızın bir birey olarak kendi yaşamına yön veremeyeceğidir.

Yine bizim şarkıyı hatırlayalım, "Bu ne sevgi ah, bu ne ıstırap!" Yine *öyle bir 'sevgi'yle karşılaşıyoruz ki, karşıdakini mutlaka kendine bağımlı kılıyor ve onun insan olarak bağımsızlığını elinden alıyor.*

Yine tekrar ediyorum, bence, toplumumuzdaki birçok kişinin bilinci onurlu bir sevgi anlayışından yoksundur. Birçok kişi, bu delikanlının, sevdiği genç kız için ne kadar olumsuz bir gelecek yarattığının farkında değildir.

Bu delikanlı, gerçek sevgi bilincine erişmiş biri olsaydı, acaba nasıl konuşur, nasıl davranırdı?

Şimdi her bir olayı yeniden hatırlayıp bu soruların yanıtını değerler kültürü içinde irdeleyeceğiz.

İnsanı İnsan Kılan Sevgi

İrdelediğimiz örneklerde anlatılan sevgi, insanı bir nesne, bir araç olarak gören sevgiydi. Seven sevileni kendi amacı uğruna kullanmaktaydı.

Kamyon şoförlüğü yaparak hayatını kazanan babanın, "Oğlumu makine mühendisi yapacağım; ben okuyamadım o okusun, benim gibi sıkıntı çekmesin. Gerekirse ceketimi satarım, yine de onu okutup makine mühendisi yaparım," dediği örneği irdelemiş ve şöyle bir sonuca ulaşmıştık: "Sen bu dünyada benim beklentilerimi gerçekleştirmek için varsın." Bu durumda çocuğun kendi özü onurlandırılmamaktadır.

Daha sonra ilave etmiştik; "Halbuki sevgi, bir insanın olabileceğinin en iyisini olmasına, gelişmesine olanak sağlamaya kendini adamaktır. Babanın bilinci böyle bir sevgi anlayışından uzaktır."

Ve daha sonra sorumuzu yöneltmiştik: Baba, değerler kültürü içinde gerçek sevgi bilincine erişmiş biri olsaydı nasıl konuşurdu?

Baba, varoluşun beş boyutunun bilincinde değerler kültürü içinde oğluna baksaydı, çocuğunun gelişerek olabileceğinin en iyisi olmasına kendini adadığını sözü ve davranışıyla gösterirdi. "Elimden geleni yapıp olanaklar çerçevesinde oğlumun gelişmesi için uğraşacağım; ben gelişemedim ama ona bu olanakları sağlayacağım. Gerekirse ceketimi satacağım ona gelişim olanakları sağlayacağım," derdi. Bu sözleri ifade eden bilinçte, çocuğunu tutsak alan, onun özüne saygısız bir tavır yoktur; aksine çocuğun özünü değerli kılan, yücelten bir tavır vardır.

Kızının tabağına dört köfte koyan ve ona bu köfteleri bitirmesini söyleyen anneyi konu etmiştik. İki köfte yedikten sonra, "Anne ben doydum, diğer iki köfteyi yiyemeyeceğim," diyen kızına anne, "Hayır doymadın, köftelerinin hepsini bitireceksin; senin zayıflayıp hasta olmanı istemiyorum," diyordu.

Bu anne, değerler kültürü içinde gerçek sevgi bilincine erişmiş biri olsaydı, nasıl konuşur, nasıl davranırdı?

Anne gerçek sevgi bilincinde olsaydı, kızının sağlığıyla onun özüne saygılı biçimde ilgilenirdi. Yemekte onun istediği kadar yemesine olanak sağlar, çocuk doyduğunda, "Peki tatlım, doydunsa kalkabilirsin," derdi. Doğal olarak, kızının yemek aralarında istediği zaman abur cubur yemesine fırsat vermez, sağlıklı yeme bilinci oluşturmak için onunla sürekli bir iletişim içinde olurdu. Yemek yemeyi kendi otoritesinin test edildiği bir alan haline getirmekten kesinlikle kaçınır, kızıyla, güven geliştiren, onun özüne saygılı bir ilişki kurmaya özen gösterirdi.

Oğullarının rızasını almadan onu istemediği bir kızla evlendiren anne ve baba gerçek sevgi bilincine erişmiş kişiler olsalardı, oğullarıyla konuşmadan kız konusunda karar vermez, söz kesmez, onun seçimine önem vererek onun, gönlünün istediği bir kızla evlenmesine olanak sağlarlardı.

Mahallenin en güzel kızına vurulup, "Ya benim olacaksın ya kara toprağın!" diyen bıçkın delikanlı gerçek sevgi bilincine erişmiş biri olsaydı, esas sevdiği şeyin bu kızın canı, özü olduğunu bilir ve sahiplenmek yerine onu sözleriyle, davranışlarıyla yüceltme yollarını arardı; onurlu bir beraberlik oluşturmak için uğraşırdı. Onun da mutlu olacağı, anlamlı ve coşkulu bir geleceğe kendini adadığını kanıtlamaya girişirdi.

İnsan onuru, değerler kültüründe en temel değerlerden biridir. Değerler kültüründe sevgi, insan onurunu yüceltir, geliştirir.

Sorunun Temelinde Korku Kültürü Vardır

Korku kültüründe seven güçlü kişi, sevdiği kişinin sahibi gibi davranır.

Burada üstünde durulması gereken en temel konu şudur: Seven kişi, yani bizim örneğimizde oğlunu makine mühendisi yapmak isteyen kamyon şoförü, kızına dört köfte yedirmek isteyen anne, oğullarını istemediği bir kızla evlendirmek isteyen anababa ve kıza haber gönderen bıçkın delikanlı sahiplenme duygusu içinde oldukları halde, kendilerini gerçekten seven insanlar olarak düşünmektedirler. Onların, gerçekten sevdiklerini düşünmeleri sebepsiz değildir; belirli bir dünya görüşünün, yaşama bakış tarzının sonucu olarak ilişkilerini "sevgi" ilişkisi olarak algılamaktadırlar.

Bu dünya görüşü, yaşama bakış tarzı, sokaktaki insanla paylaşılan bir algılama zemini olduğu için, sokaktaki insan da bu ilişkileri sevgi ilişkisi olarak görür. Bu algılama zemini, insanın özünü, onurunu, tekliğini önemsemez; bu zeminin önemsediği en önemli faktör güçtür. Bu bir kültürdür ve ne yazık ki ülkemizdeki insanlar, bu kültürün içinde yoğrularak yetişmişlerdir.

Ne var ki, nasıl kuş havanın, balık suyun farkında değildir, insanımız da bu kültürün yaşamımıza yön verdiğinin bilincinde değildir.

Korku kültürünün yaşamımızı yönettiğinin bilincine varmadan, bunu fark etmeden *can*'ın değerini bilen, insan insana bir yaşam oluşturmak olanaksızdır.

21
Aile İçi İlişkilerdeki Bilinç

Durakta üç kişi
Adam kadın ve çocuk

Adamın elleri ceplerinde
Kadın çocuğun elini tutmuş

Adam hüzünlü
Hüzünlü şarkılar gibi hüzünlü

Kadın güzel
Güzel anılar gibi güzel

Çocuk
Güzel anılar gibi hüzünlü
Hüzünlü şarkılar gibi güzel

CEMAL SÜREYA(*)

Korku ve değerler adını verdiğim iki kültürden söz ettim. Korku kültürü insanların özüne önem vermez; sosyal maskeye, mevkiye ve maddiyata önem verir. Değerler kültüründe ise insanın özü önemlidir; her şey, özgün yaşama katkısı oranında anlam bulur.

(*) Soysal, İlhami, *20. Yüzyıl Türk Şiiri Antolojisi*, Bilgi Yayınevi, Ankara, 1994, s. 496.

Korku kültürü iletişim ortamına, 'kimin dediği olacak', değerler kültürü ise, 'doğru olanın yapılması' bilincini getirir. Kültürden gelen bu bilincin türü, kişinin insan ilişkilerini algılamasını yönlendiren zemin işlevini görür.

Korku kültüründe bireyler birbirlerini tanıyorlarsa, o ortamda kimin güçlü olduğunu önceden bilirler; birbirlerini tanımıyorlar ise, kimin güçlü olacağı belirleninceye kadar bir belirsizlik dönemi sürer.

Değerler kültüründe o ortamda doğru olanın ne olduğu henüz belirlenmemiş ise, o ortamda doğru olanın belirlenmesi öncelik kazanır; ortamdaki vizyon ve bu vizyonun üstüne kurulu değerler belirleninceye kadar belirsizlik sürer.

Karı Koca İlişkilerinde Bilinç

Amerika'da doktora öğrencisiyken bekârdım ve gözümün içine gülerek doğrudan bakan üniversiteli kızlardan hem hoşlanır hem de çekinirdim; çekinmemin nedeni onların güven dolu, atılgan ve enerjik tavırlarıydı. "Yemek yiyelim mi?" gibi bir soruya, hiç naz etmeden, gözümün içine bakarak, "Çok hoşuma gider!" gibi yanıt vermeleri beni korkuturdu. "Nasıl istersen", "Olabilir", "Bilmem hiç düşünmedim," gibi çekingen ve belirsiz yanıtlar bana daha 'kadınımsı' gelirdi. Bu algılamamdan dolayı birçok güzel kızla yemek yemekten vazgeçtiğimi anımsıyorum.

Kadın ve erkek bir araya gelince 'erkek baskın olur ve onun dediği olur!' gibi o zamanlar adını koyamadığım kuralın beni yönlendirdiğinin bugün farkındayım. Bu kuralın kaynağı korku kültürüdür ve bu kültür, karı koca ilişkilerini baştan biçimlendirmeye başlar. 'Karının gözünü ilk gece korkutmak' gerektiğini babalar, amcalar, ağabeyler sürekli söylerler. Okuyucularımın, bu tür nasihatlerin değişik türlerini bildiğinden eminim.

Bir keresinde, "Temiz Aile Temiz Gelecek" adlı televizyon programıma, stüdyoya beraber geldiği arkadaşlarının, bilge bir kişi olduğunu söyledikleri, kasaba giyimli, 50 yaşlarında bir bey konuk oldu. Konuşmak için fırsat kolluyordu ve bir fırsatını bularak öyküsünü anlattı:

> "Efendim, askerliğini beraber yapmış olan kafadar iki köylü aynı zamanda evlenmişler ve biri şehre, öbürü köye yerleştikten sonra, bir süre birbirlerini görmemişler. Şehre yerleşen bir fırsatını bulmuş, köye gelmiş ve arkadaşının evini ziyaret etmiş; sofralar kurulmuş, yemekler yenmiş, kahveler içilmiş ve ev hanımı her şeyi mükemmel yapmış. Misafir, "Hanımın ne kadar becerikliymiş," deyince, ev sahibi "Geldiğinde hiçbir şey bilmezdi, ilk gece gözünü korkuttum, her şeyi hemen öğrendi," yanıtını vermiş. "Ne yaptın, nasıl korkuttun gözünü?" diye sorunca, "İlk gece bir bahaneyle kediye kızdım ve tuttuğum gibi kedinin bacağını ayırdım, bir nara attım, çarptım duvara; kadın mırıldanınca da, 'Çeneni kapatmazsan senin de bacağını böyle ayırırım!' dedim; o gün bugündür, karı gözümün içine bakıyor beni memnun etmeye çalışıyor," diye açıklamış.
>
> "Şehirden gelen, 'Ben de eve gidince, bir kedi bulup aynı yöntemi uygulayayım öyleyse,' deyince, köydeki, 'Yok, faydası olmaz; artık zamanı geçti, sen onu ilk gece yapacaktın,' demiş."

Bu bey öyküsünü bitirince, önce birkaç kişi onu alkışladı; sonra stüdyodaki büyük bir çoğunluk alkışlamaya katıldı. Büyük çoğunluğun bu alkışlamaya bilinçli katıldığını sanmıyorum; sanki bir refleks olarak 'stüdyo ortamına uygun davranış alkışlamaktır' anlayışı içinde alkışlamaya katıldılar. Ne var ki sokaktaki sıradan erkek vatandaşların büyük bir çoğunluğunun, 'karının gözünü ilk gece korkutmak gerekir' inancına katılacağını sanıyorum.

Kadın nikâhta erkeğin ayağına basmak ister; bu davranışın altında, 'Benim dediğim olsun!' isteği yatar.

'Erkek ailenin reisidir' ifadesi, ailede kimin dediği olacak konusunu açıklığa kavuşturmaktadır. Korku kültüründe, ailede 'kimin dediği olacak' konusu açıklığa kavuşmadan, aile huzuru olmaz. Benim içinde büyüdüğüm sosyal ortamda aile huzurunun olması için 'kadında olması gereken üç korkudan söz edilirdi: 1- Allah korkusu, 2- baba korkusu, 3- koca korkusu.

Korku kültüründe aile kimin korkan, kimin korkutan olduğunu belirleyerek yaşamına başlarken, değerler kültüründe aile 'doğru olan'ı belirleyerek yaşamına başlar. 'Doğru olan', paylaşılan değerlerdir. Bu değerler aile yaşamının temellerini oluşturacak ve pusula gibi karı ve kocanın davranışlarına yön verecektir.

Sevgi, iki insanın birbirleriyle ilişkilerinde onların davranışlarını yönlendirecek en temel değerdir. *Gerçeğe saygı,* ailenin ekonomik ve sosyal temellerinin sağlam olmasını sağlar. Karı koca arasındaki *güven,* karı kocanın *kişisel bütünlüğü* ve *hakkaniyet* duyguları üstüne inşa edilir. *Hizmet,* yaşamın dayanışma düzeni olduğu gerçeğine olan saygının bir ifadesidir.

Korku kültüründe aile, korkan ve korkutan insanların itişme meydanıyken, değerler kültüründe aile, yaşamı paylaşma ortamıdır.

Anababa Çocuk İlişkisindeki Bilinç, Çocuğun Gelişiminin Temelidir

Her şeye rağmen çocukluğun mutluluğunu şair şöyle dile getirir:

Çocukluk, gene ancak çocukluk
Gerçi o da acı
Ama iyi ki var
Yerine hangi mutlu yaşam?

BEHÇET NECATİGİL(*)

(*) Soysal, İlhami, *20. Yüzyıl Türk Şiiri Antolojisi,* Bilgi Yayınevi, Ankara, 1994, s. 277.

Düşünür, yazar Louis Johannot, "Çocukların anababalarını daha yakından tanımak istememin tek nedeni, anababaları tanıdıkça çocuklara kızamamam, onları affetmemdir," der. Çocukların, içinde yetiştikleri ortamı davranışlarında yaşamaları ve yansıtmaları çok doğaldır; 'çocuk ailenin aynasıdır,' sözü de aynı gerçeği vurguluyor.

Psikolog Nathaniel Branden, "Kişinin kendine ve yaşama bakış tarzının temelleri çocuklukta atılır," der ve bireyin yaşamla kurduğu ilişkinin, kendisiyle kurduğu ilişkinin bir yansıması olduğunu belirtir.

Çocuk büyürken, "Ben kimim?" sorusunun yanıtını farkında olmadan içinde yetiştiği ailede bulur. Bulduğu yanıt onun kimliğini oluşturur. Bu kimliği ömür boyu geçerli kılmak için, yine farkında olmadan, kişi çabalar.

Korku kültüründe çocuk yetiştirme önemli bir konu olarak kendini göstermez; çünkü otorite durumunda bulunan kimse (baba-ana-dede-nine-amca-dayı vb.) "çocuğun ne olduğunu", "ne olması gerektiğini", "nasıl yetiştirileceğini" bilir. Bu o kadar önemsenecek, kafa yorulacak bir konu değildir.

Korku kültürü ve değerler kültürü, çocuğun yetişmesiyle ilgili temel sorulara farklı yanıtlar verir. Bu soruları sorarak bir karşılaştırma yapalım:

Çocuğun Özü

Korku kültüründe: Çocuğun özü kötüdür; bu öz kendi başına bırakılırsa çocuk özündeki kötülüğü yansıtmaya başlar ve işe yaramaz biri olarak yetişir. Çocuğun özünün gelişmesine olanak vermeden onu otoritenin (baba-anne-dede-nine vb.) istediği biçime sokmak çocuk terbiyesinin temelini oluşturur.

Değerler kültüründe: Çocuğun özü iyidir; anababanın yapacağı en önemli hizmet, bu özün gelişmesine olanak sağlayacak ortamı hazırlamaktır. Çocuğun özü onu evrende tek kılan, kendisi kılan temel kaynaktır ve bu öz, her ne pahasına olursa olsun, değiştirilmek için zorlanmamalıdır. Çocuğun özünde, hem onu birey olarak güçlü kılacak bireysellik hem de toplumun işlevsel bir üyesi yapacak ait olma gereksinmesi vardır. Öz, bencil veya köle değildir; sağlıklı bir denge içindedir.

Çocuğun Aklı

Korku kültüründe: Çocuğun korkusuna konuşulur; onun aklının gelişmesine önem verilmez, aksine otoriteye başkaldırmasını önlemek için aklının gelişmemesine önem verilir. Korku kültüründe 'akıllı çocuk,' otoritenin beklentisi yönünde düşünen çocuktur. İstenen ve beklenen, birbirinin benzeri düşünen veya benzeri şeyleri düşünürmüş gibi davranan insanlar yetiştirmektir. Toplumdaki sinerji veya yaratıcı güç otoritenin işine gelmez.

Değerler kültüründe: Çocuğun aklına konuşulur, onun aklının gelişmesine çok önem verilir. İnsanoğlunu diğer yaratıklardan ayıran en önemli yetisi, özünün bir parçası olarak getirdiği aklıdır. Çocuğun özünün gelişip kendi doğasını bulabilmesi, onun aklının gelişmesiyle mümkündür. Kendi özlerindeki yeti içinde doğal olarak gelişen akıllar, toplumda istenen sinerjinin, yaratıcı gücün kaynağı olurlar.

Kurallar

Korku kültüründe: Kurallar, otoritenin gücünü korumak için vardır ve bu kurallar çocuğun gelişmesinden çok daha önemlidir. Çocuk büyürken kuralları aynen öğrenmesine ve uygulamasına çocuğun özünün gelişmesinden daha çok önem verilir. Kurallar tartışılamaz; bu nedenle geliştirilmeye ve değiştirilmeye açık değildir.

Değerler kültüründe: Kurallar, çocuğun özünü daha iyi geliştirecek bir ortamı yaratmak amacıyla vardır. Bu kurallar tartışılmaya, geliştirilmeye ve değiştirilmeye açıktır.

Çocuğun Sahibi

Korku kültüründe: Çocuğun sahibi otoritedir; çocuk otoriteye aittir.

Değerler kültüründe: Çocuğun sahibi yaşamdır; çocuk yaşama aittir. Lübnanlı yazar Halil Cibran, bu konuda şunları söyler:

Çocuklarınız sizin çocuklarınız değildir.
Onlar kendini özleyen Yaşamın oğulları ve kızlarıdır.
Onlar sizin aracılığınızla gelirler ama sizden gelmezler.
Sizinledirler ama size ait değildirler.
Onlara sevginizi verebilirsiniz, ama düşüncelerinizi asla vermeyin; çünkü onların kendi düşünceleri vardır.
Onların bedenlerini eve koyun, ama ruhlarını hapsetmeyin; çünkü onların canları, sizin rüyanızda dahi ziyaret edemeyeceğiniz yarının evinde oturmaktadır.
Onlar gibi olmaya çalışabilirsiniz, ama onları kendiniz gibi yapmaya uğraşmayın.(*)

Çocuk Sevgisi

Korku kültüründe: Çocuk sevgisi, çocuğun sahibiymiş gibi hareket edilerek, onun namına onun için kararlar verilerek kendini gösterir. O nedenle, "Köfteleri bitireceksin!", "Şu mesleği seçeceksin!", "Şu kızla evleneceksin!" türü yaklaşımlar, korku kültüründe bir sevgi davranışı olarak algılanır.

Değerler kültüründe: Çocuk sevgisi, çocuğun getirmiş olduğu potansiyeli geliştirerek onun kendisi olarak güçlü ve mutlu olmasına olanak sağlamaktır. Çocuğun özünü zedelememeye büyük bir özen gösterilir.

Sınırlar ve Sorumluluk Bilinci

Korku kültüründe: Çocuğa sınırlar ve sorumluluk bilinci verilmesi önemli değildir, hatta istenmez; çünkü sınırlar ve sorumluluk bilinci gelişmiş bir birey kendi hak ve sorumluluklarını otoriteye karşı da korumaya kalkışır. Çocuğun sınırlarının ve sorumluluğunun ne olduğuna otorite karar verir ve bunu sorgu-

---

(*) Cibran, Halil, *Ermiş*, Anahtar Kitabevi, İstanbul, 1994, s. 30.

lamak çocuğun haddine düşmemelidir. Çocuk kendi hayatından sorumlu değildir ve olmamalıdır; otorite onun hayatından sorumlu olmalıdır.

Ne var ki otoritenin kendisi, davranışından kimseye hesap verme zorunluluğunu hissetmez. O, otorite olduğu için hesap vermek zorunda değildir. İster öper, ister döver; hikmetinden sual olunmaz. Korku kültüründe keyfilik vardır.

Değerler kültüründe: Çocuğun sınırlar ve sorumluluk bilincini öğrenmesi önemlidir. Çocuğun kendi haklarını ve aynı zamanda sorumluluklarını öğrenmesi ve bu bilinç içinde kendi hayatının sahibi olarak toplum içinde yaşamına yön vermesi, onu eğitmekle yükümlü aile büyüklerinin üzerinde ısrarla durdukları önemli bir konudur.

Otorite durumunda bulunan kişi, çocuğun uyması gereken değerler ve kurallara kendisi de uymak ve hesap vermek zorundadır. Değerler kültüründe keyfilik yoktur.

Anababa Davranışının Örnek Alınması

Korku kültüründe: 'Hocanın dediğini yap, yaptığını yapma', korku kültürünün tipik ilkelerinden biridir. Anababa veya çocuğun yaşamında otorite durumunda olan kişiler, çocuğa davranışlarıyla örnek olmak gibi bir bilinç taşımazlar. Bu nedenle bir baba veya anne korku kültüründe elinde sigara tutarken çocuğuna sağlık konusunda nasihat edebilir ve bunda da hiçbir çelişki görmez.

Değerler kültüründe: 'Hoca dediğini yapar' ilkesi geçerlidir. Anababa, çocuğun yapmasını istedikleri her şeyi önce kendi davranışlarıyla gösterirler. Çocuğuyla sağlık konusunda konuşmak isteyen anababa, önce kendi davranışlarını gözden geçirir sonra sağlık konusunda konuşur.

Değerler Bilinci

Korku kültüründe: Çocuğu terbiye etmek için "Elalem ne der", "Aman kimse görmesin", "Yapma, yoksa seni çok ayıplarlar," gibi sözler çok sık kullanılır. Çocuk, davranışlarını dışarıda bir başkasının gözüyle değerlendirme durumunda bırakılır. "Öğretmen bu davranışını görseydi ne derdi şimdi sana?" tavrı hâkimdir.

Değerler kültüründe: "Evladım, 'Başkası ne der?' önemli, ama en önemlisi 'senin ne diyeceğin'dir. Aynada gözlerinin içine rahat rahat bakarak söyleyemeyeceğin şeyleri söyleme ve yapma; çünkü senin en önemli gücün, bu gözlere rahat rahat bakabilmekte saklıdır." Sorumluluk böylece, başkasının ne diyeceği vurgulu dışsal bir kaynaktan, çocuğun kendisinin ne diyeceği vurgulu içsel bir kaynağa dönüştürülmüştür. Bu iç kaynağın adı vicdandır. *Değerler kültürü, vicdan temeli üstüne bir yaşam oluştururken; korku kültürü, vicdanın gelişmesine olanak sağlamaz.*

Yalnızlık

Korku kültüründe: Çocuk, iç benliğinin kimsenin umurunda olmadığını, önemli olanın okuldaki başarısı gibi şeyler olduğunu hisseder; çocuğun özü, canı yalnızdır. Çocuk zaman içinde, 'Benim özümde bir bozukluk var,' duygusuna kapılır. Utanca *boğulmuş iç çocuğun kaynağı bu yalnızlık duygusudur.*

Değerler kültüründe: Çocuk özünün, canının önemli olduğunu, kabul edildiğini bilir. Kendisine değer verildiğini bilir; yalnızlık duygusu içinde değildir.

Sonuç ve Süreç İlişkisi

Korku kültüründe: Sonuç vurguludur; "Ne yap yap, hangi yolu kullanırsan kullan, sonucu elde et!" ilkesi geçerlidir. Sınıf geçmek için sınavda kopya çekmek, maç kazanmak için şike yapmak bu kültür içinde kabul görür.

Değerler kültüründe: Süreç vurguludur; çocuklara şu iki ilke öğretilir:

1- Bir şey yaparken elinden gelenin en iyisini yap,

2- Yaptığını zevk alarak, coşkuyla yap.

Bu iki kurala uyarsan eninde sonunda iyi sonuç alırsın.

Dinlemek

Korku kültüründe: Çocuk dinlenmez; çocuğu dinlemek önemli değildir, çocuğa söylemek önemlidir.

Değerler kültüründe: Çocuğu önce dinlemek, dinledikten sonra konuşmak önemlidir.

22
Hangi Değerlerin Temel Alındığı Önemlidir

Dörtnala gelip Uzak Asya'dan
Akdeniz'e bir kısrak başı gibi uzanan
Bu memleket bizim!

Bilekler kan içinde, dişler kenetli, ayaklar çıplak
Ve ipek bir halıya benzeyen toprak
Bu cehennem, bu cennet bizim!

Kapansın el kapıları bir daha açılmasın
Yok edin insanın insana kulluğunu
Bu dâvet bizim!

Yaşamak bir ağaç gibi tek ve hür
Ve bir orman gibi kardeşçesine
Bu hasret bizim!

NÂZIM HİKMET[*]

Değerler konusunda daha önce yayınlanmış olan kitaplarımda, özellikle *İyi Düşün Doğru Karar Ver*, *İçimizdeki Biz* ve *Savaşçı*'da, ayrıntılı tartışmalar ve değerlendirmeler yaptım.

(*) Soysal, İlhami, *20. Yüzyıl Türk Şiiri Antolojisi*, Bilgi Yayınevi, Ankara, 1994, s. 88.

İyi Düşün Doğru Karar Ver'de, genç üniversite öğrencisi Timur ile bilge kişi Yakup Bey arasında gelişmiş insan ve temel değerler konusunda oldukça kapsamlı şöyle bir tartışma yer alır:

"'Gelişmiş' insan paradigmasının ana varsayımı şudur: İnsanın psikolojik doğasını düzenleyen evrensel doğrular vardır. Bu doğrular, özü itibariyle her kültür ve çağda geçerliği, uygulanabilirliği olan insan doğasının yönlerini ifade ederler. Yerçekimi nasıl doğalsa ve gerçekliği varsa, 'gelişmiş' insan paradigmasının temel değerleri de doğal ve gerçektir."

Tam benim sormayı düşündüğüm konuda konuşmaya başlamıştı. Bu hoşuma gitti. Ama, Yakup Bey evrensel doğrulardan bahsederken bunların her kültürde ve çağda geçerli olduğunu söyleyince hayretler içinde kalmıştım.

"Yakup Bey, bu ifade çok saltçı bir ifade değil mi?" diye sordum.

"Evet, öyle. Farkına varmış olmanıza sevindim," dedi.

"Yani siz diyorsunuz ki, kişi ister eğitim görmüş ister kara cahil olsun, ister Türkiye'de ister Japonya'da büyüsün, ister Müslüman isterse Budist olsun, hatta ister kadın ister erkek olsun, bütün insanlar için geçerli bazı temel değerler vardır. Eğer yanlış anlamamışsam siz ayrıca, bu değerlerin zaman içinde de değişmediğini söylüyorsunuz; yani, sizin sözünü ettiğiniz doğrular bin sene önce ne kadar geçerli ise, bugün de aynı derecede geçerlidir."

Yakup Bey gülümseyerek yüzüme baktı. "Evet Timur Bey, doğru anladınız. Ne kadar heyecan verici bir konu, değil mi?" diye biraz şaka yollu sordu.

"Biraz şoke olmuş durumdayım Yakup Bey. Benim şimdiye kadar öğrendiğim en önemli şeylerden biri, insan yaşamında salt doğruların olmadığı, her olayın içinde oluştuğu bağlama göre anlam kazandığı düşüncesiydi. Bu görüşe ulaştığım için kendimi bir derece bilge görüyor ve kutluyordum. Şimdi siz üzerine basa basa, herkes için her yerde ve her zaman geçerli doğrulardan söz edince afalladım," dedim. (s. 127-128)

Bu değerlerin evrenselliğinden şüphe eden Timur'a Yakup Bey şu öneriyi yapar:

"Şimdi sizinle şöyle bir oyun oynayalım. Siz bu değerlerin zıddını düşünün. Örneğin, hakkaniyet değerinin zıddı olan hakkaniyetsizlik, hak yeme, hakkını vermemeyi düşünün ve bir insanın ya da bir toplumun böyle bir zıt değerle yaşamını sürdürdüğünü düşleyin. Bir yanda hakkaniyet değeri çerçevesinde yaşayan bir insan, bir toplum, diğer yanda hak yemeyi temel almış bir insan ya da toplum düşünün ve karşılaştırın." (s. 140)

Timur konuya nasıl başlayacağını düşünürken, Yakup Bey konuşmasına devam eder:

"Hakkaniyet yerine tanıdığı olan ya da güçlü olan 'haklı' çıksın; kişisel bütünlüğü olan değil, ikiyüzlü, tutarsız, sahtekâr insanlar takdir edilsin ve işbaşına geçsinler. İnsan onuru ayaklar altına alınsın, can ve mal güvenliği olmasın; insan canı ve onuru her an keyfi olarak elden alınabilsin. En iyi hizmet eden değil, en çok dalkavukluk yapan göze girsin. Üstün kalite kavramı kimseye bir anlam ifade etmesin; insanların gelişimleri ve gerçekleştirebilecekleri potansiyelleri anababaların, öğretmenlerin, yöneticilerin umurunda olmasın. Böyle bir toplum hangi durumda olacaktır?"

Yakup Bey susar ve ısrarla Timur'un yüzüne bakar. (s.140)

İçimizdeki Biz kitabında evrensel doğrular ve vizyon tartışması yapılırken şu düşüncelere yer verdim:

Her kişinin, her ailenin, her kurumun, her toplumun, her ulusun değerleri evrensel doğrular değildir. Bu değerler evrensel doğrular üzerine kurulmuş olabilir, ama böyle bir zorunluluk yoktur. Eğer bir kişinin, kurumun, ulusun değerleri evrensel doğrular üzerine kurulmuşsa onların yaşamında bütünlük ve denge olacak, kullanılan zaman güçlü bir gelecek yaratacaktır. Bireyin, ailenin, şirketin ya da ulusun kaliteli bir yaşam gerçekleştirmesi, evrensel doğrularla ahenk içinde yaşamasına bağlıdır. Bir insanın kendi değerleri ile ahenk içinde bir vizyon oluşturması ve bu vizyonla tutarlı olarak yaşaması onun mutluluğunun, yaşamının doyumlu olmasının garantisi değildir. Garanti, vizyonun doğal ilkelerle uyum içinde olmasındadır. (s. 75-76)

Savaşçı kitabında 'gerçeğe saygı'nın önemli bir değer olduğu üzerinde ısrarla durdum. *Savaşçı*, sınıf öğretmeni Arif Okurer'le aramda geçen konuşmalardan oluşur. "Gerçeğin ne olduğu bilinci kişilerin bildikleri bu gerçeğe saygılı olmasına yol açar," deyince, öğretmen Arif Okurer'le aramızda şöyle bir diyalog yer alır:

"Gerçeğe saygı kişisel bütünlüğün temelinde yatar fikri, benim için yeni bir fikir, Doğan Bey. Bunun üzerinde hiç düşünmemiştim. Sizin kitaplarınızdan kişisel bütünlüğün önemli olduğunu okuduktan sonra bu konu üzerinde düşündüm; ama, gerçeğe saygı ile kişisel bütünlük arasındaki ilişki üzerinde hiç düşünmemiştim."

"Evet, Arif Bey, her şey gerçeğe saygının bir değer olarak kabul edilmesiyle başlar."

Bir süre sustum; Arif Bey, bu yeni fikri sanki özümsemek istercesine düşünceliydi. Nihayet, 'gerçeğe saygı' fikrinin iyice yerleştiğini ifade eden bir yüz ifadesiyle simitinden ısırıp bana bakınca, konuşmama devam ettim:

"Çocuk doğduğunda gerçeğin ne olduğunu bilmez. Daha

doğrusu kendi algılamalarına nasıl bir tutum içinde bakacağı konusunda herhangi bir ön bilgisi yoktur. Çocuk büyürken sürekli öğrenmeye açıktır; özellikle 3 ile 7 yaş arasında soru sorma devresi, yani her şeyi öğrenme isteği çok belirgin olarak kendini gösterir."

"Gerçekten Doğan Bey, çocukların bu yaşlarda sordukları sorular ne kadar çok ve ne kadar şaşırtıcı."

"Evet, muhteşem bir olay. İşte bu devrelerde eğer çocuk gerçeğe saygılı bir ortamda büyüyorsa, gerçeğin ne olduğu ile ilgili sağlıklı bir fikir edinmesi ve gerçeğe nasıl yaklaşacağı konusunda tutum geliştirmesi çok kolay olacaktır."

"Peki, ya gerçeğe saygılı olmayan bir ortamda büyüyorsa?"

"Maalesef, birçok yetişkinin gerçekle yani rasyonel bir insanın gerçeğiyle ilişkisi yoktur ve gerçeğe saygı duymayı unutmuşlardır. Bu ortamlarda çocuk gerçekle ilişkisinde sorunlar geliştirecektir."

"Sanırım çocuğun aklını hiçe saymak ona yapılabilecek en büyük zulüm."

Aynı şeyden yüreği yanan iki insan olmanın oluşturduğu bir dostluk içinde konuşmaya devam ettim.

"Çocuk sürekli yetişkinin davranışını gözler; bu davranışlardan anlam çıkarmaya çalışır. Yetişkinin davranışı tutarsız, açıklanamaz, söylenene uymayan türden olduğu zaman çocuk şaşırır ve hem kendine hem de içinde yaşadığı dünyaya güveni temelden sarsılır. Bu nedenle çocuk içinde bulunduğu gerçeği algılamamayı öğrenmeye başlar; içinde bulunduğu ortama getirdiği bilinçte bir azalma görülür.

"Kişinin özüne saygısı ve sorumluluğu üzerine araştırmalar yapmış ve kitaplar yazmış olan psikoterapist Nathaniel Branden çocuğun bilincindeki azalmaya birçok örnek verir. Şu örneklere bir göz atalım:

"Anne, dürüstlük üzerine çocuğuyla önemli bir konuşma yapar. Daha sonra misafirler gelir ve anne misafirlere bir şey anlatır; çocuk bu olayın doğru olmadığını bilmektedir, ama annesi olay doğru imiş gibi, üstelik abartarak anlatır. Bu tutarsızlığın açıklamasını bulmak üzere çocuk annesinin yüzüne bakar; annesinin yüzünde hiçbir değişiklik yoktur; suçluluk duymadan, doğru bir şeyi anlatıyormuş gibi olayı anlatmaya devam eder."

Arif Bey, bu noktada sözümü kesti:

"Doğan Bey, çocuk hangi tutarsızlığın açıklanmasını bekliyor?"

"Misafirler gelmeden önce anne çocuğuna dürüstlüğün önemiyle ilgili bir konuşma yapmıştı."

"Ha evet, anladım. Misafirler gelmeden önce söylediğiyle, misafirler önünde yaptığı davranış arasındaki tutarsızlık."

"Evet. Başka bir örnek de alkolik baba veya annenin bulunduğu evlerden verilebilir. Alkolik birinin bulunduğu ailede sık sık gözlenen şu durumu düşünün:

"Anne masada çocuklara hoş bir şey anlatmaktadır. O sırada baba sarhoş olarak eve gelir, ayakta zor durmaktadır. Anne dönüp bakmaz bile, çocuklarla aynı şekilde konuşmaya devam eder. Baba, daha fazla ayakta kalamaz, kıçının üzerine yıkılır, yan yatmış vaziyette yerdedir. Anne konuşmasına devam eder. Çocuk yerdeki babaya bakar, konuşmaya devam eden annesine bakar, gözleri bu ikisi arasında gider gelir. Olumsuz şeylerden hiç söz etmeme alışkanlığı olan anne, çocuklarla konuşmasına devam eder. Çocuk ortamdaki mesajı alır: 'Eğer bir olay görmemezliğe gelinirse, o gerçekte olmamış gibidir.' Çocuk görmemeyi öğrenir.

"Çevresinde gerçekle ilişkisini açık ve seçik kurmayan insanlar olduğu zaman çocuğun kafasında birçok soru açıkta kalır. Bu soruların en önemlilerinden biri, *'Ben bu dünyada nasıl yaşayacağım?'* sorusudur.

"Bu sorunun birçok alt soruları vardır:

"İnsanlar söylediğini yapmadığı, yapılanı söylemediği zaman ben neyin doğru olduğunu nasıl anlayacağım?

"Yalan söylediğini hiçbir zaman anlayamayacağıma göre, ben insanlara nasıl güveneceğim?

"Gördüğüm şeylerin konuşulmadığı, yokmuş gibi davranıldığı bir ortamda ben emniyette miyim?

"Gerçek diye bir şey var mı ve ben, gerçeğin ne olduğunu nasıl anlayacağım? Neyin ne olduğunu nasıl anlayacağım?

"Bunları bilmeden ben nasıl yaşayacağım?"

Bu soruları teker teker ifade etmemi dinleyen Arif Bey, duyduklarının etkisinde kalmış bir insanın tavrıyla:

"Bunlar önemli sorular Hocam. Kendi öğrencilerimle ilişkilerimden biliyorum, çocuğun kendi algılamasına güvenmesi çok önemli."

"Evet Arif Bey, bu sorular büyükler için de önemli, ama çocuklar için daha önemli.

"Çocuk sorduğu sorular ve gözlemleriyle içinde bulunduğu dünyayı ve kendini anlamaya çalışmaktadır. Bu doğanın insanoğluna verdiği özel ve muhteşem bir potansiyeldir: Anlayabilme, öğrenebilme, düşünebilme yeteneği. Gerçeğin inkâr edildiği, kişisel bütünlüğün olmadığı bir yetişme ortamında çocuk bu muhteşem yeteneğini ömrü boyu kaybedebilir: 'Düşünmenin, anlamanın, algılamanın hiçbir anlamı yok, hiçbir değeri yok,' sonucuna ulaşabilir.

"Ortamda gerçeğe, düşünceye, algılamaya değer verebilmesi için insanın kişisel bütünlük içinde olması gerekir."

"Bu sadece ailede söz konusu değil herhalde. Sınıfta öğretmenlerin de dikkat etmesi gereken bir konu."

"Evet, özellikle kendilerini öğretmenliğe adamış öğretmenlerin ilk dikkat etmesi gereken konu bence bu. Algılanan gerçeklere mutlak saygı duyarak, onların konuşulmasına olanak sağlamak. Çocuk her konuda soru sorabileceğini ve istediği kadar soru sorabileceğini bilmeli. Bütün soruların yanıtını yetişkin bilmeyebilir; yetişkin soruların yanıtlarını bilmek zorunda değildir. Ama, çocuğun sorusunu duymak, işitmek

> ve çocuğun ne dediğini anlamak zorundadır. Bir öğretmen bunu yapabilecek bilinci geliştirmiş olmalıdır."
>
> Biraz durduktan sonra, hızımı alamadım. Tekrar ettim: "Öğretmen mutlaka bu bilinci geliştirmiş olmalıdır. Bu bilinci geliştirmeden, öğretmen olmamalı. Bu o denli önemli!
>
> "Bütün kötülüklerin anası, bütün yanlışlıkların ve geriliklerin kaynağı gerçeğe saygısızlıktır. Ailesiyle, öğretmeniyle, medyasıyla gerçeklere saygılı olmayan toplumumuzda çocuk rasyonel bir varlık olarak gelişemez." (s. 106-9)

Bir toplum, değerler kültürünü ailenin, eğitimin, iş yaşamının ve devlet yönetiminin temeline koymadıkça gerçek anlamda uygar ve çağdaş bir toplum olamaz. Çünkü, korku kültürü, insanın insan olarak yetişmesine olanak tanımaz. Korku kültürü, insanın ancak maske, *sosyal yüz* geliştirmesine izin verir; *can* ancak değerler kültüründe gelişir.

Bu konuya çok önem veriyorum. Bugünkü algılamam içinde Türkiye'nin en önemli sorununu, korku kültürünün esaretinde kalmak olarak görüyorum. Korku ve değerler kültürünü daha ayrıntılı olarak irdeleyeceğim bir kitap yazmayı planlıyorum.

23
Kısa Bir Gözden Geçirme: Nelerle Donandık?

Adı, soyadı
Açılır parantez
Doğduğu yıl, çizgi, öldüğü yıl, bitti
Kapanır parantez.

O şimdi kitaplarda bir isim, bir soyadı
Bir parantez içinde doğum, ölüm yılları.

Ya sayfa altında, ya da az ilerde
Eserleri, ne zaman basıldığı
Kısa, uzun bir liste
Kitap adları
Can çekişen kuşlar gibi elinizde.

Parantezin içindeki çizgi
Ne varsa orda
Ümidi, korkusu, gözyaşı, sevinci
Ne varsa orda.

O şimdi kitaplarda
Bir çizgilik yerde hapis,
Hâlâ mı yaşıyor, korunamaz ki,
Öldürebilirsiniz.

BEHÇET NECATİGİL(*)

(*) Soysal, İlhami, *20. Yüzyıl Türk Şiiri Antolojisi*, Bilgi Yayınevi, Ankara, 1994, s. 278-9.

"İki insan birbirinin farkına varınca iletişim başlar," dedik ve iletişim konusuna ilişkin donanımları irdeledik. Bu donanımları kısaca gözden geçirmek isteyebilirsiniz diye, kitabı bitirirken aşağıdaki listeyi vermeyi uygun gördüm.

1. Donanmış bilinç, daha güçlü ve zengin yaşam olanakları yaratır. *Bilinci donanmış insan, bilinci donanmamış insandan her zaman ve her koşulda daha etkili ve güçlü olacaktır.* Bu kitap, iletişim konusunda bilincinizi donatmak için yazılmıştır.

2. İnsan muhteşem bir potansiyeldir. Bir toplumdaki anababalar, öğretmenler, işadamları, devlet yöneticileri insan potansiyelini geliştirme bilinci içinde davranır ve olanaklar yaratırlarsa o toplum gelişir ve güçlü olur. Bir ülkenin geleceğinin garantisi, çocuklarını geliştirmek için yarattığı olanaklarda yatar.

3. Olayların kendisinin anlamı yoktur; olayları algılayan insan, algıladığı zemine göre olaya anlam verir. Olayların algılanmış, yorumlanmış, anlam verilmiş haline 'fenomen' deniyor. İnsan, fenomen dünyasında yaşamını sürdürür.

4. İki insan birbirinin farkına vardığı andan itibaren yapılan ve yapılmayan her şeyin mesaj değeri vardır; insanlar sürekli iletişim içindedir.

5. İnsanlar birbirlerine mesaj verdiği gibi, içinde bulundukları ortam da insanlara mesaj verir.

6. İletişim çok kanallıdır: Her bir duyu organı bir iletişim kanalı olarak iş görür. Duyguların iletilmesinde sözsüz mesajlar daha etkilidir.

7. İletişimde iki düzey vardır: Başkalarına gösterilen dış dünya, *sosyal yüz;* yalnız bireyin bildiği iç dünya, *can.*

8. Gösterilen *sosyal yüz* ile içimizdeki *can* aynı mesajları veriyorsa yaşamımızda stres az olur; gösterdiğimiz gerçek ile bizim içimizdeki gerçek birbirinden ne kadar farklı ise yaşamımızda o kadar çok stres olur. Güven ortamında *can* kendini özgürce ifade ettiğinden stres düşüktür.

9. İnsan hem bağımlı, ait olmak ister hem de bağımsız, birey olmak ister. Bu iki gereksinim arasındaki denge, insan yaşamı

için çok önemlidir. Birey olmak ve ait olmak, yaşamın iki bacağını oluşturur; dengeli bacaklarla yapılan yaşam dansı, daha güçlü ve anlamlı olur.

10. İnsan ilişkilerinde kişi, beş temel ilişki gereksinmesini karşılamak ister. Bu gereksinmeleri, varoluşun beş boyutu diye adlandırıyoruz.

11. Varoluşun birinci boyutu kaale alınmak, umursanmaktır. Kişi hem kendinin, hem de sınırlarının ve sorumluluğunun hesaba alınmasını ister.

12. Varoluşun ikinci boyutu kabul edilmektir. Kişi yargılanmadan olduğu gibi kabul edilmek ister.

13. Varoluşun üçüncü boyutu değerli görülmektir. Kişi, kendinden daha büyük bir bütünün vazgeçilmez parçası olmak ister.

14. Varoluşun dördüncü boyutu yeterli görülmektir. Kişi güçlü ve güvenilir olmak ister.

15. Varoluşun beşinci boyutu sevilmektir. Kişi özlenmek ve sevilmek ister.

16. Dinleme en önemli iletişim sürecidir. Kişi dinlemesiyle karşıdakini yaratır.

17. Ait olmak ve birey olmak, varoluşun beş boyutu tablosuyla birlikte bizim varoluş matrisimizi oluşturur. Çocuk içinde yetiştiği ortamda varoluş matrisi içinde kişiliğini bulur.

18. İletişim ağı içinde yaşarız ve her iletişim durumunda dört olasılık vardır:

a) Ortam size olumsuz mesajlar verir ve siz de kendinizi bu olumsuz mesajlar içinde algılarsınız.

b) Ortam size olumlu mesajlar verir, fakat siz bu olumlu mesajları reddedersiniz ve kendinizi olumsuz benlik algısı içinde görürsünüz.

c) Ortam size olumsuz mesajlar verir, ama siz bu olumsuz mesajların sizin özünüze uymadığını düşünürsünüz.

d) Ortam size olumlu mesajlar verir ve siz de kendinizi bu olumlu mesajlar içinde algılarsınız.

19. Korku kültüründe ezenler ve ezilenler vardır; değerler kültüründe ise 'doğru olanı' yapan 'biz bilinci'nde insanlar vardır.

20. Korku ve değerler kültürlerinde 'sevgi' farklı anlamlar ifade eder. Korku kültüründe sevmek, sevilen kişinin sahibi olmak anlamına gelir, değerler kültüründe sevmek, onun gelişerek mutlu olmasına kendini adamak anlamına gelir.

21. Korku ve değerler kültüründe karı koca ilişkisine getirilen bilinç farklıdır. Korku kültüründe, 'kimin dediği olacak' mücadelesi ailenin özünü oluşturur. Değerler kültüründe ise, 'doğru olanı yapmak' ailenin özünü oluşturur.

22. Korku kültüründe çocuk, otoritenin istediği kalıba sokulacak, kalıplanarak sürekli denetlenecek bir yaratıktır. Değerler kültüründe çocuk, muhteşem bir potansiyeldir; yapılacak tek şey, çiftçinin ektiği tohum için oluşturduğu ortam (su, gübre ve bakım gibi), çocuğun gelişimi için ortam hazırlamaktır.

23. Gerçeğe saygı, hakkaniyet, kişisel bütünlük, insan onuruna saygı, hizmet ve sevgi, değerler kültürünün çatısını oluşturur.

Kavramlar Sözlüğü

Ait olma gereksinimi: İnsanın doğuştan getirdiği bir gereksinmedir. İnsanoğlu bir aileye, derneğe, spor kulübüne, dine, millete, bayrağa ait olmak ister. Ait olduğunu hissedemediğinde yalnızlık çeker.

Akla konuşmak: Bkz. Bireyin dinlemesine konuşmak.

Algılama: Göz, kulak gibi duyu organlarıyla edindiğimiz duyusal verilere, yani olaya; daha önceki deneyimlerin, edinilen bilgilerin ve beklentilerin, yani kişinin zemininin etkisiyle anlam vermedir.

Algılama özgürlüğü: Bkz. Gerçek özgürlük

Algıya konuşmak: Bkz. Bireyin dinlemesine konuşmak.

Aşırı sosyalleşme: 'Can'ın ikinci plana atılması ve sosyal yüzün çok baskın olmasıdır.

Bireyin aklına konuşmak: Bkz. Bireyin dinlemesine konuşmak.

Bireyin dinlemesine konuşmak: Konuşulan kişinin fenomen dünyasını göz önünde bulundurarak, onun anlamasını önemseyerek konuşmaktır.

Bireyin korkusuna konuşmak: Bir kimsenin 'korkusuna konuşmak', onun fenomen dünyasına, anlayıp anlamadığına hiç önem vermeden, onu tehdit ederek, onunla iletişim kurmaktır.

Birey olma gereksinimi: Kişinin birey olarak tüm bağlardan uzak, kendisi olarak var olma isteği ve gereksinimidir.

Can: Bkz. İç dünya.

Değerler: Değişik olaylarla karşılaşıldığında ne yapılacağına karar verilirken, nasıl davranılması gerektiğini belirleyen inançlar, kişiye yol gösteren pusula.

Değerler kültürü: Bir yaşam felsefesidir. Bu kültürdeki insanların yaşamında onlara pusula gibi yol gösteren değerler vardır. Önemli olan 'doğru olan'ın yapılmasıdır ve 'doğru olan', paylaşılan değerlerdir.

Değerli / vazgeçilmez / tek olma: Varoluşun beş boyutunun üçüncüsüdür. Kişi, kendini, kendinden daha büyük bir bütünün vazgeçilmez bir parçası olarak görmek ister ve vazgeçilemez, yeri doldurulamaz, emsalsiz, tek görüldüğü an kendini değerli hisseder.

Dış dünya: Bireylerin, göstermek veya söylemek istediği mesajlardan oluşan, gözlenebilen sosyal yüzü. Başkalarına gösterilen yüzler, içinde bulunulan 'sosyal ortama münasip' yüzlerdir. 'Münasebetsiz biri' olarak görülmemek için iç dünyadaki mesajlar, içinde bulunulan sosyal ortama uygun/münasip hale getirilir ve öyle iletişim kurulur.

Dinlemeye konuşmak: Bkz. Bireyin dinlemesine konuşmak.

Doğal Olma: Bkz. Kabul edilme / yargılanmama / doğal olma.

Donanım: Bilinci donatarak zenginleştiren farkındalık. Bu farkındalığa sahip olan kişi, kendini, yaşamını, ilişkilerini bu farkındalığı kullanarak anlamlandırma şansına sahiptir.

Donanmış bilinç: Farkındalıkları kullanarak güçlü ve zengin yaşam olanakları yaratabilen bilinç. Bilinci donanmış insan, bilinci donanmamış insandan her zaman ve her koşulda daha etkili ve güçlü olacaktır.

En az gayret ilkesi Her organizma gibi insanlar da en az gayretle en çoğu elde etmek ister. Bilim buna, 'En az gayret ilkesi' adını veriyor. Hayvanlar, amaçlarına ulaşmak için en az gayret isteyen yolu seçer. Onun için köylüler, merkeplere 'yol mühendisi' der. İki köy arasındaki en az gayret isteyen yolu merkep bulur. Bu ilke, aslında canlıların ötesinde, su ve elektrik gibi hareket eden enerjiler için de geçerlidir. Su ve elektrik de en az dirençle karşılaşacağı yolu seçer.

Evrensel doğrular: Her yerde ve her zaman gerçek ve geçerli olan, bütün insanlara uygulanabilen evrensel inançlar. Gerçeğe saygı, kişisel bütünlük, hakkaniyet, insan onuruna saygı, hizmet ve sevgi birer evrensel doğrudur.

Farkındalık: Bireyin fenomen dünyasında yer alan öğeleri anlamlı bir biçimde birbirinden ayırt etmeye yarayan kavramlardır.

Fenomen: Olayın bizim zeminimizden geçerek algılanması ve yorumlanmasıdır. Algılanıp anlam verilen, yorumlanan şeye fenomen denir. İnsanlar, yalnız algıladığı kadarını bilir; yani ancak fenomen dünyasının farkındadır.

Gerçekliğini kaybetmek: Bkz. Kendi gözünde gerçekliğini kaybetmek.

Gerçek özgürlük: Algılamalarını belirleyen zeminlerin farkında olan kişilerin sahip olduğu özgürlük, algılama özgürlüğü. Algılama özgürlüğü olmayan insanın bireysel ve sosyal özgürlüğünden söz edilemez. Gerçek özgürlüğü olmayan kişi, sürekli geçmişten getirdiği zeminler çerçevesinde algılayacak, o zeminlerin ötesine geçemeyecektir.

Gözlemleyen bilinç: Gözlemleyen bilinç, üst düzeydeki zemindir. Bu üst düzey zemine ulaşınca, algılamayı belirleyen alt zeminlerin farkına varılır.

Güçlü olma: Bkz. Yeterli / güçlü / güvenilir olma.

Güvenilir olma: Bkz. Yeterli / güçlü / güvenilir olma.

Hayal kırıklığı ortamı: İletişim Matrisi'nin 2 numaralı gözüdür. Bu göz, kendilerini insan muamelesine layık görmeyen insanlara, insanca davranılan bir ortamı temsil etmektedir. Korku ortamına alışmış bu insanlar, korku ortadan kalkınca, iyi muamele eden kişiyi zayıf olarak görürler. İyi muamelenin zayıflıktan kaynaklandığına inanırlar ve kendilerine iyi muamele eden yöneticiyi aciz ve yeteneksiz görerek ona saygı duymazlar. İletişim içerisindeki iki taraf da hayal kırıklığı içindedir.

Huzur ortamı: İletişim Matrisi'nin 4 numaralı gözüdür. Birey kendisine, varoluşun beş boyutunda olumlu mesajlar vermekte, kendisini olumlu bir özbenlik değeri içinde görmekte ve ortamdaki diğer kişiler tarafından da olumlu algılanmaktadır. Böyle bir ortamda kişiye, 'Sen varsın, doğalsın, değerlisin, güçlü ve güvenilirsin, sevilmeye layıksın,' mesajı verilir. Kişi de kendisiyle ilgili olarak böyle düşünmektedir. Bu ortamda en belirgin duygu huzurdur.

İç çocuk: Kimseyi etkilemeyi düşünmeden, içimizden geldiği gibi davrandığımızda kendini gösteren, duygusal yaşamımızın kaynağını oluşturan, özgür, duygusal, coşkulu, saf ve hayal dolu yanımızı belirten özbenlik.

İç dünya: Olayların algılandığı, yorumlanıp anlamlandırıldığı, bireylerin öznelliğinde yer alan, dışardan gözlenemeyen süreç. Birey kendi öznel iç dünyasının doğrudan farkındadır. Öznel iç dünya, bizim mahrem dünyamızdır; ancak bizim tarafımızdan gözlenebilir. İletişim, anlamını, iç dünyadaki bu algı ve yorumlarda bulur. Bu kitapta iç dünya, 'can' olarak da adlandırılmıştır.

İletişim: İki kişi arasında yer alan anlam alışverişidir.

İletişim kanalları: İletişim sırasında kullandığımız kanallar. İletişim, çok kanallı bir süreçtir; her bir duyu organı bir iletişim kanalı işlevi görür. Görsel, işitsel, dokunsal, kokusal, tatsal kanallar yoluyla aldığımız ve verdiğimiz mesajların her birinin iletişimde önemi vardır. Ayrıca bu kanallar arasında bir ahenk bulunur.

İletişim matrisi: Varoluşun beş boyutunda, kişinin kendisine ve ortamın kişiye verdiği mesajların etkileşimini içeren matristir. Dört gözü vardır. Her bir göz, ortamla kişinin etkileşimi sonucunda ortaya çıkan duygusal tonla ilgili bilgi verir. Bu gözler şöyle adlandırılabilir: Korku Ortamı, Hayal Kırıklığı Ortamı, Öfke Ortamı, Huzur Ortamı.

Kaale alınma: Bkz. Umursanma / kaale alınma / var olma.

Kabul edilme / yargılanmamama / doğal olma: Varoluşun beş boyutunun ikincisidir. İnsanoğlu, yargılanmadan, olduğu gibi kabul edilmek ister; kendisi olmak ister; can kendisini olduğu gibi ortaya koymak ister.

Kendi gözünde gerçekliğini kaybetmek: Kişinin, sözüyle, yüzüyle, bedeniyle karşısındakine verdiği mesaj onun iç dünyasını yansıtmıyorsa, bu mesajlar 'gerçek' düşünce ve duyguları iletmezler. İnsan ilişkilerinde birey kendi gerçeğini mesaj olarak iletmiyorsa, bireyin iç dünyası kendi gözünde gerçekliğini kaybetmeye başlar.

Korku kültürü: Bir yaşam felsefesidir. Bu kültürde ezenler ve ezilenler vardır. Korkulacak bir güç olmadıkça insanların ve kuralların hesaba alınmadığı kültürdür. Ortamda korku varsa bu korkunun kaynağına 'saygı' duyulur. Eğer ortamda korku yoksa kişilerin insan olarak değeri yoktur, kurallara uyma zorunluluğu duyulmaz. İnsanın özü, onuru, tekliği önemsenmez; önemli olan güçtür.

Korku ortamı: İletişim Matrisi'nin 1 numaralı gözüdür. Ortam bireye, 'Sen kaale alınmaya değmezsin, sende bir bozukluk var; sen değersizsin, beceriksiz ve güvenilmezsin, sevilmeye layık değilsin,' gibi olumsuz mesajlar vermektedir ve birey de kendini zaten bu olumsuz mesajlara layık görmektedir. Bu ortamda en belirgin duygu korkudur.

Korkuya konuşmak: Bkz. Bireyin korkusuna konuşmak.

Kültür robotu: Kültürden gelen zeminlerin algılamasını belirlediğinin farkında olmayan kişiye, kültür robotu denir. İnsanı kültür robotu olmaktan kurtaran tek şey, kültüründen gelen zeminlerin farkına varabilmesidir.

Maske: Bkz. Dış dünya.

Mesaj: İletişim sürecinde anlam taşıyan her şeydir.

Mış gibi yaşam: Bireyin hayatını kendisinin istediği gibi değil, başkalarının kendisinden beklediği şekilde yaşamasıdır.

Olay: Bizim dışımızda yer alan fiziksel verilerin tümüdür. Örneğin, şu anda sizin için, şeklin bulunduğu sayfadan yansıyan ışınlar olay olabilir.

Ortama getirilen bilinç: Kişinin 'şimdi ve buradaki niyetini' bilmesi ve bu niyetle ahenk içinde olmasıdır.

Öfke ortamı: İletişim Matrisi'nin 3 numaralı gözüdür. Özbenlik bilinci olumlu, varoluşun beş boyutunda kendisine olumlu mesaj veren kişilerin kötü muameleye maruz kaldıkları ortamı ifade etmektedir. Bu ortamda en belirgin duygu öfkedir.

Özgün yaşam: Bireyin kendi özgür iradesiyle yaptığı seçimlerden oluşmuş yaşamdır.

Özgürlük: Bkz. Gerçek özgürlük.

Özgüven: Kişinin, bir şeyi kendi başına yapabileceğine olan inancı.

Potansiyel: Doğuştan getirilen öz. Bu özün gelişmesi için uygun ortam yaratılabilir ya da öz, keşfedilmeden, farkına varılmadan, geliştirilmeden bırakılabilir. Potansiyeli gerçekleştirmek, olabileceğinin en iyisi olmak demektir.

Sevgi: Bir insanın olabileceğinin en iyisi olmasına, gelişmesine ve mutlu olmasına olanak sağlamaya kendini adamaktır.

Sevilme / özlenme: Varoluşun beş boyutunun sonuncusudur. Bir kişinin canından bir başka kişinin canına, onu sevdiğine ve özlediğine dair mesaj gittiğinde, varoluşun bundan önceki boyutlarıyla ilgili olarak da mesaj gitmiş olur. Bu mesaj, aynı zamanda, 'Seni umursuyorum; sınırlarına ve sorumluluklarına saygım var; seni olduğun gibi kabul ediyorum; sen benim yaşamımın vazgeçilmez bir parçasısın; seni güçlü, istediğini yapabilecek, başarabilecek bir insan olarak görüyorum,' anlamlarına da gelir. Varoluşun sevilme / özlenme boyutu, insanların, sevilme, sevdikleriyle beraber zaman geçirme, onlar tarafından özlenme gereksinimlerini ifade eder.

Sınırlar: Kişinin kendi anlayışı içinde, 'Benim bedenim, benim mekânım, benim eşyam, benim zamanım, benim bilgim, benim duygum, benim ilişkim, benim ailem, benim ülkem,' dediği her şey, onun sınırları içine girer. Bu sınırlar fiziksel değil, psikolojiktir. Eğer kişi, evinin önündeki bahçeye 'benim bahçem' gözüyle bakmıyorsa, o bahçeyi kendi sınırları içinde algılamamaktadır.

Sorumluluk: Kişinin sınırları içerisinde gördüğü olaylardan ve şeylerden hesap vermeye hazır olmasıdır.

Sosyalleşme: Kişinin ortama uygun davranma bilincinin gelişmesi ve bunun sonucunda gerektiğinde iletişiminde dış dünyaya / sosyal yüze yer vermesidir.

Sosyal yüz: Bkz. Dış dünya.

Şekil: Bkz. Şekil zemin ilişkisi.

Şekil zemin ilişkisi: İlk algılanan, belirgin olan, etkili olan öğe şekildir; bu öğenin arkasında duran ve hemen dikkati çekmeyen uyarıcılar zemini oluşturur. Şekil arka yüzeyi oluşturan zemin içerisinde anlam kazanır.

Tek olma: Bkz. Değerli / vazgeçilmez / tek olma.

Umursanma / kaale alınma / var olma: Varoluşun beş boyutunun ilkidir. İki düzeyi vardır. Birincisi, kişinin bir birey, bir insan olarak varlığının farkına varılması gereksinimini ifade eder. İnsanoğlu, kendisinin, özünün tanınmasını ister. İkinci olarak, birey sınırlarına ve sorumluluklarına saygı duyulmasını ister. Bkz. Sınırlar, Sorumluluk.

Var olma: Bkz. Umursanma / kaale alınma / var olma.

Varoluş boyutları: Bkz. Varoluşun beş boyutu.

Varoluş matrisi: İletişim içindeyken karşımızdakine, iç ve dış dünyamızdan varoluşun beş boyutunda çeşitli mesajlar veririz. İç ve dış dünya ile varoluşun beş boyutunun etkileşimiyle oluşan matris, varoluş matrisidir ve insanoğlu bu varoluş matrisi içersinde yaşar. Tüm etkileşimler, tüm mesajlar varoluş matrisi içersindeki gözlerden birindedir.

Varoluş stresi: İç ve dış dünya arasındaki farkın yol açtığı strestir. Bireyin yaşamındaki en önemli stres kaynağıdır. Her iletişim eyleminde birey, kendi gözünde var olma ya da yok olma süreci içindedir. Başkalarının gözünde var olduğu halde, kendi gözünde yeteri kadar var olamayan insan, stresli ve mutsuzdur. İç ve dış dünya arasındaki fark ne kadar çok olursa varoluş stresi o kadar fazla olur.

Varoluşun beş boyutu: İnsanoğlunun, ilişkileri içinde varoluşunu tanımlamak için cevap aradığı beş soru. Bu beş soru şunlardır: 1- Kaale alınıyor muyum? Beni umursuyorlar mı? 2- Kabul ediliyor muyum? Beni olduğum gibi, yargılamadan kabul ediyorlar mı? 3- Değerli miyim? Beni vazgeçilmez ve emsalsiz olarak görüyorlar mı? 4- Yeterli miyim? Beni becerikli, yapabilecek güçte görüp yapabileceğime güveniyorlar mı? 5- Sevilmeye layık mıyım? Beni ben olduğum için özleyip benimle zaman geçirmek istiyorlar mı?

Vazgeçilmez olma: Bkz. Değerli / vazgeçilmez / tek olma.

Vicdan: İçselleştirilmiş değerlerdir.

Yalnızlık: Kişinin, gerçek anlamda iç dünyasını paylaşabileceği hiç kimsenin olmamasıdır.

Yargılanmama: Bkz. Kabul edilme / yargılanmama / doğal olma.

Yaşam dansı: Ait olma ve birey olma gereksinmelerini dengeli biçimde karşılayarak kendi ve çevresindekilerle ilişki içinde olmaktır.

Yeterli / güçlü / güvenilir olma: Varoluşun beş boyutunun dördüncüsüdür. Her insan, yakınlarının, onun elinden iş geleceğine, yapabileceğine, yeterli olduğuna inanmalarını ister. İnsan kendisini güçlü ve güvenilir görme; kendine güvenme, yapabileceğine inanma gereksinimi içindedir.

Zemin: Bkz. Şekil zemin ilişkisi.

Zemin-algılama-davranış-sonuç ilişkisi: Zemin, algılamayı etkiler. Bu algılamaya uygun davranırız ve davranışlarımız da sonucu belirler.

Kaynaklar

Cüceloğlu, D. (1996). *İçimizdeki Biz*. İstanbul: Remzi Kitabevi.
Cüceloğlu, D. (2001). *İyi Düşün Doğru Karar Ver*. İstanbul: Remzi Kitabevi.
Cüceloğlu, D. (2001). *Savaşçı*. İstanbul: Remzi Kitabevi.
Cüceloğlu, D. (1991). *Yeniden İnsan İnsana*. İstanbul: Remzi Kitabevi.
Goleman, D. (1998). *Duygusal Zekâ*. İstanbul: Varlık Yayınları.
Goleman, D. (2000). *İşbaşında Duygusal Zekâ*. İstanbul: Varlık Yayınları.
Mehrabian, A. (1981). *Silent Messages* (2nd ed.). Bellmont, CA: Wadsworth.